人力资源管理从入门到精通系列

小团队管理的32个方法

边学边做

徐军军　王睿　主编

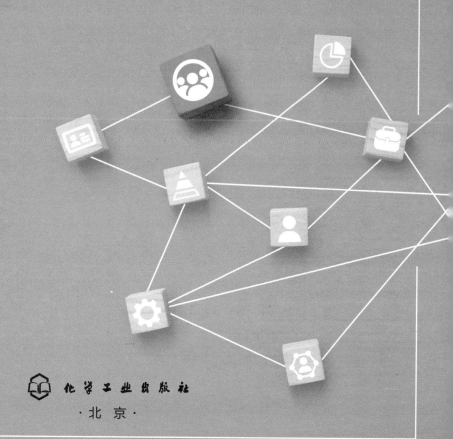

化学工业出版社
·北京·

内 容 简 介

《小团队管理的32个方法——边学边做》一书内容涵盖配置团队成员的方法、目标管理的方法、日常沟通的方法、有效授权的方法、高效开会的方法、管理下属的方法、激励团队的方法和提升领导力的方法八个部分,每个部分又细分了多种方法供管理者参考。

全书图文并茂,内容贴近实战,通俗易懂,便于读者利用碎片时间阅读。本书适合团队管理者、中层管理者、项目管理者、创业者、管理咨询师、各级人力资源管理从业人员、管理类相关专业在校生以及其他对带团队感兴趣的人员阅读、使用。

图书在版编目(CIP)数据

小团队管理的32个方法:边学边做/徐军军,王睿主编. —北京:化学工业出版社,2021.10
(人力资源管理从入门到精通系列)
ISBN 978-7-122-39743-0

Ⅰ.①小… Ⅱ.①徐… ②王… Ⅲ.①团队管理 Ⅳ.①C936

中国版本图书馆CIP数据核字(2021)第165943号

责任编辑:刘 丹 陈 蕾　　　　　文字编辑:王春峰 陈小滔
责任校对:宋 玮　　　　　　　　　装帧设计:小徐书装

出版发行:化学工业出版社(北京市东城区青年湖南街13号 邮政编码100011)
印　　刷:三河市航远印刷有限公司
装　　订:三河市宇新装订厂
787mm×1092mm　1/16　印张12¼　字数247千字　2022年1月北京第1版第1次印刷

购书咨询:010-64518888　　　　　　售后服务:010-64518899
网　　址:http://www.cip.com.cn
凡购买本书,如有缺损质量问题,本社销售中心负责调换。

定　　价:68.00元　　　　　　　　　　　　　　　　　　版权所有 违者必究

前 言

人力资源管理在企业管理中所起的作用变得日益重要。一个企业能否健康发展，在很大程度上取决于员工素质的高低，取决于人力资源管理在企业管理中的受重视程度。

人是企业拥有的重要资源，也是企业的核心竞争力。每个人都有向善、实现高尚的理想和拥有向上的力量等积极天性，只要企业领导者有效激发员工的积极天性，就能使其化作员工的积极行动。随着企业对人力资源的利用和开发，企业的决策越来越多地受到人力资源管理的约束。目前人力资源管理逐渐被纳入到企业发展战略规划中，成为企业谋求发展壮大的核心因素，也是企业在市场竞争中立于不败之地的至关重要的因素。人力资源管理的质量高低，直接影响到企业利润和企业的核心竞争力，因此，人力资源管理变成了最高优先级的战略性资源之一。

基于此，为了帮助人力资源管理工作者更好地完成本职工作，充分发挥人力资源管理工作在企业发展中的作用，我们组织有关专家学者编写了本书。

通过本书的学习，人力资源管理者可以全面掌握人力资源管理的各项技能，更好地开展人力资源管理工作。同时，本书可以作为人力资源管理入门者、中小企业管理者、各高校人力资源管理专业的学生、大型企业中层管理者自我充电、自我提升的学习手册和日常管理工作的指导手册，还可以作为相关培训机构开展岗位培训、团队学习的参考资料。

《小团队管理的32个方法——边学边做》一书主要包括导读（团队再小，管理也要讲方法）和配置团队成员的方法、目标管理的方法、日常沟通的方法、有效授权的方法、高效开会的方法、管理下属的方法、激励团队的方法、提升领导力的方法8章内容。

本书采用图文解读的方式，尽量做到去理论化，在确保内容准确、系统的基础上注重实操性，以精确、简洁的方式描述重要知识点，并辅以方法概述、方法详解、管理小妙招、相关链接、案例、自我测评等栏目，让读者在轻松阅读中了解小团队管理的 32 个方法并学以致用。

由于笔者水平有限，书中难免存在疏漏，敬请读者批评指正。

编者

目录

导读 团队再小，管理也要讲方法
    一、什么是团队 1
    二、什么是管理 3
    三、团队管理的方法 4

第一章 配置团队成员的方法

方法1：性别互补，提高效率 6
    一、男女搭配要有利 6
    二、男女搭配要有数 7
    三、男女搭配要有度 8

方法2：年龄互补，发挥效能 9
    一、团队年龄结构的分析 9
    二、团队成员年龄配置的原则 10
        相关链接 如何管理比自己年龄大的下属 11

方法3：性格互补，取长补短 12
    一、识别团队成员的性格 13
        相关链接 如何应对不同气质与性格的员工 14
    二、团队成员性格搭配的法则 16
    三、性格与岗位的匹配 18

方法 4：能力互补，人尽其才 20
 一、根据特长区别任用 20
 二、按特长的变化而用 21
 三、按状态合理安排 21
 四、善于发现特长 22
 五、以特长取人 22
 六、能者多劳也要多得 22
自我测评 23

第二章　目标管理的方法

方法 5：了解目标管理 26
 一、目标的层次 26
 二、目标管理的基本程序 27
 三、目标管理的内容 29

方法 6：设定个人目标 29
 一、为目标分类 30
 二、设定近期目标 30
 三、让目标最大化 30
 四、让目标具体化 31
 五、让目标可衡量 31
 六、让目标具有相关性 32
 七、与整体目标一致 32

方法 7：设定团队目标 33
 一、目标设定应与执行人员有关 33
 二、目标种类不宜多 34
 三、所定目标要与上级目标有关 35
 四、与各部门目标相互配合 35
 五、部门之间目标要彼此平衡 35

方法 8：设定下属目标 36
 一、将目标、方针告之下属 36
 二、协助下属设定目标 37

三、合理调整工作分配 38

方法 9：进行目标管理 **38**
　　一、协调好各个目标 39
　　二、明确责权利关系 39
　　三、自我统御实施 39
　　四、协助下属执行 40
　　五、进行及时反馈 42
　　六、体现考核效果 42
　　自我测评 43

第三章　日常沟通的方法

方法 10：学会沟通，理解为纲 **46**
　　一、什么是沟通 46
　　二、沟通的特点 47
　　三、有效沟通的作用 47
　　四、沟通的方法 48
　　五、有效沟通的障碍 50
　　六、特殊的沟通技能——倾听 51
　　七、沟通中的反馈技巧 52

方法 11：上行沟通，尊重为主 **54**
　　一、接受领导的指令 54
　　二、向领导汇报工作 55
　　三、说服领导 57

方法 12：下行沟通，鼓励为先 **58**
　　一、与下属沟通的必要性 59
　　二、与下属沟通的原则 59
　　三、在沟通中下达任务 62
　　四、适当赞美下属 63
　　五、沟通中的批评技巧 64

方法 13：平级沟通，协调为上 68
    一、积极配合 68
    二、不要插手 69
    三、帮助他人 69
    四、甘当配角 69
    五、要尊重对方 70

方法 14：与己沟通，调整为本 71
    一、明确自我定位与认知 71
    二、学会自我情绪察觉 72
    三、学会调节不良情绪 73
    四、学会自我暗示 77
    五、学会自我激励 79
    六、自我压力调适 80
  自我测评 83

第四章　有效授权的方法

方法 15：适度放权，人尽其才 86
    一、什么是授权 86
    二、为什么要授权 86
    三、影响授权的因素 87
    四、可以授权的工作 89
    五、不能授权的工作 89

方法 16：合理授权，赋予权责 90
    一、撰写授权说明书 90
    二、交代任务（授权） 91
    三、控制工作进展 91
    四、提供支持 92
    五、提供反馈 93
    六、论功行赏 93
    七、总结和提升 93
        相关链接　授权的智慧 94

方法17：下属越权，及时纠正 95
- 一、先表扬后批评 96
- 二、维持现状，下不为例 96
- 三、因势利导，纠正错误 96
- 自我测评 97

第五章　高效开会的方法

方法18：精心组织会议 100
- 一、会议前的筹备 100
    - 相关链接　选择最合适的人参加会议 102
- 二、会议中的管理 103
- 三、会议后的跟进 104

方法19：用心主持会议 106
- 一、成功地开始会议 106
- 二、会议主持人的沟通技巧 107
- 三、圆满地结束会议 108
    - 相关链接　主持会议应掌握的原则 108

方法20：积极参加会议 111
- 一、有准备地赴会 111
- 二、做好会前疏通 112
- 三、谋求沟通方法 112
    - 相关链接　手势的运用 113
- 四、重视活用数据 114
- 五、树立良好形象 114
- 六、保持积极态度 115
- 七、协助控制会场 115
- 八、讲究会议礼仪 116
- 自我测评 118

第六章　管理下属的方法

方法 21：下属工作，正确指导..120
　　一、根据下属的特点选择指导方法..120
　　二、指导下属的一般步骤..121
　　三、指导下属的注意事项..122
　　四、指导下属的要点..123

方法 22：下属违纪，公平处罚..124
　　一、违纪行为的类型..124
　　二、处罚的正式程序..125
　　三、运用处罚的时机..126
　　四、为处罚做好准备..126
　　五、处罚下属的原则..127
　　六、在处罚过程中应该考虑的因素..129

方法 23：下属冲突，及时协调..130
　　一、下属冲突的原因分析..130
　　二、下属冲突的协调解决方法..131
　　三、下属冲突的调解步骤..133
　　　　相关链接　管理者如何处理与下属的冲突..........................134

方法 24：下属生活，多加关心..135
　　一、关心下属是一门学问..136
　　二、爱护加锻炼，培养新员工..136
　　三、善待下属要从平时做起..137
　　自我测评..138

第七章　激励团队的方法

方法 25：情感激励，激发凝聚力..140
　　一、什么是情感激励..140
　　二、情感激励的作用..141
　　三、情感激励的方式..141
　　四、情感激励的技巧..142

方法 26：尊重激励，激发责任感 144
    一、什么是尊重激励 145
    二、尊重激励的作用 145
    三、尊重下属的真谛 147
    四、尊重下属的要点 148

方法 27：榜样激励，激发积极性 150
    一、什么是榜样激励 151
    二、榜样激励的作用 151
    三、树立榜样的要点 152

方法 28：晋升激励，激发上进心 154
    一、什么是晋升激励 155
    二、晋升激励的原则 155
    三、内部晋升的要点 156
    四、晋升激励的要点 157
        相关链接　企业如何应用晋升体系 159
    自我测评 160

第八章　提升领导力的方法

方法 29：恩威并施，树立威信力 162
    一、恩威并施的含义 162
    二、恩威并施的准则 163
        相关链接　管理者如何树立威信 164

方法 30：说到做到，强化执行力 166
    一、什么是执行力 167
    二、执行力的重要性 167
    三、强化团队执行力的措施 167

方法 31：以身作则，具备说服力 171
    一、以身作则的含义 172
    二、以身作则的意义 172
    三、以身作则的策略 173

方法 32：提升自我，发挥影响力 175
　一、影响力的含义 175
　二、影响力的作用 176
　三、影响力的构成 176
　四、提升影响力的技巧 178
　五、运用非权力影响力 179
　　　相关链接　管理者应具备的非权力影响力 182
自我测评 183

导 读

团队再小，管理也要讲方法

在现代企业建设的背景下，团队的作用越来越重要。高效的团队是企业成功的核心要素，作为管理人员更要有强烈的团队意识。管理人员与决策者之间、管理人员与管理人员之间、管理人员与下属之间都要进一步协调、信任，彼此欣赏，构建一个良好的沟通平台。

一、什么是团队

所谓团队，就是一群人以项目或任务为导向，成员之间同心协力，用群体的智慧凝结成巨大的创造力，高效地实现团队共同的目标。美国著名的管理学教授、组织行为学权威专家斯蒂芬·P.罗宾斯的解释为：团队就是由两个或者两个以上的，相互作用、相互依赖的个体，为了特定目标而按照一定规则结合在一起的组织。

现在的组织常把"团队"这个词挂在嘴上，但绝大多数的管理者都遗忘了团队的真正意义。一个团队一定要具备图0-1所示的七种特征，才能算是真正的团队，也才能发挥最大的作用。

图 0-1 团队的特征

1. 共同的目标

团队是为实现共同的目标而组成的群体，其目标必须符合图0-2所示的SMART原则。

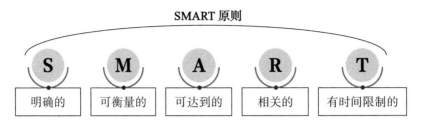

图 0-2　SMART 原则

组建团队的目标是什么？这个很重要，因为目标就是方向。组建每个团队都是为完成一定的目标或使命。没有目标的团队就没有存在的意义，或者说没有目标的团队根本称不上为一个团队。

2. 相关的技能

团队成员必须具有互补技能，这样才能相互协作，发挥各自的优势，共同努力实现共同的团队目标。

> **管理小妙招**
>
> 并不是最强的人组合在一起就能组成一个最强的团队，团队成功的关键在于充分发挥整体优势，这就需要团队中的成员做到优势互补，实现整体大于局部之和。

3. 彼此的信赖

信任是合作的基础和前提，只有相互信任的团队，才能最大限度地相互协作。整个团队若能对目标达成共识，这就是成员彼此信任的第一步。

4. 良好的沟通

沟通是团队成员协作的通道，只有良好的沟通，才能保证团队成员间良好的协作。

5. 谈判的技能

能言善辩的谈判高手能够给团队争取合理的资源和项目，并能为团队争取内外的支持。这些能够保证团队工作的顺利进行和目标的实现。

6. 合适的领导

我们不能过于强调个人的作用，也不能忽略个人的作用。领导是团队的精神领袖，只有合适的领导才能带领团队英勇奋战。一个好的团队领导对于建设高效率的团队有着不可替代的作用。一个好的团队领导能充分发挥团队中每个成员的优势，使团队的资源实现最大限度的优化,从而创造出非凡的业绩。

7. 内部和外部的支持

一个杰出的团队既要有合理的内部组织结构,又要有外部资源的支持。

二、什么是管理

管,是责任,而不是简单的制约和利用。

理,是公理,是众人之理,而不只是自己的。

管理是知识、是能力、是经验,但更重要的是一种精神,以主人翁的心态"自主经营"!

管理就是要学会琢磨人,研究人,把人、环境研究透!

管理有"三重境界",如图0-3所示。

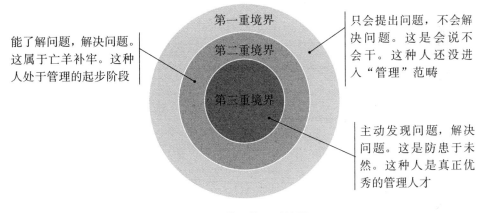

图0-3　管理的三重境界

第一重境界:"会说不会干"者,是以旁观者的心态对待问题。俗话说"站着说话不腰疼""不当家不知柴米贵",这种人对自己不做的事却有"高明"之见,所以说别人时"口若悬河"。

第二重境界:"亡羊补牢"者,不再以旁观者的心态对待问题,有了责任心。有了责任心,才能把别人交给的任务做好、做对。是否缺了点什么?对!缺少的就是自主精神,也就是主人翁的心态。

第三重境界:"防患于未然"者,是真正的主人翁,是在把企业的事当成自己的事来经营。因为有了这种精神与心态,所以他总是想尽办法在问题发生之前就采取措施。

三重境界,体现的实际上是三种精神、三种心态。实际上做人也好,做事也好,心态很大程度上决定着成败。积极的心态与消极的心态所产生的结果往往是截然不同的。

三、团队管理的方法

在现代企业中,团队往往是以部门的形式出现的,部门主管就是这个团队的管理者;也可以将公司比作一个大的团队,老板就是这个团队的领导者。

一个团队的创造力、活力、凝聚力,决定了整个组织的战斗力。那么作为管理者、领导者该如何来管理团队呢?本书就是为身为管理人员的你提供的一本学习团队管理方法的书籍,你可以据此拟订一个学习计划,如表0-1所示。

表0-1 团队管理方法学习计划

序号	主题	学习日期安排	期望结果	备注
1	配置团队成员的方法			
2	目标管理的方法			
3	日常沟通的方法			
4	有效授权的方法			
5	高效开会的方法			
6	管理下属的方法			
7	激励团队的方法			
8	提升领导力的方法			

第一章
配置团队成员的方法

方法1：性别互补，提高效率

【方法概述】

通过调研和分析发现，团队成员之间通常是类型互补的同事在一起工作效率会更高，互补通常是在知识结构上互补、工作能力上互补、做事的风格和行为的特征上互补。对于一个团队来说，男女搭配在一起的时候其实也是同样的道理。这里面最关键的不是男女性别的差异，而是他们在知识、能力、工作的行为和风格上如果能够进行有效的互补，就会使工作的效率更高或是工作更顺利。

关键词：
异性效应
比例适当

【方法详解】

一、男女搭配要有利

在一个团队中，团队成员性别互补，也就是俗话说的"男女搭配，干活不累"。其实，这是一种异性效应。异性效应是一种普遍存在的心理现象，它指的是在人际交往过程中，异性交往会产生一种特殊的相互吸引力和激发力，从而带来积极的情绪与力量。

对于一个团队来说，男女搭配的必要性主要体现在图1-1所示的几个方面。

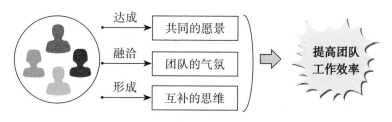

图 1-1　男女搭配的必要性

1. 达成共同的愿景

经社会心理学研究发现：人对美的追求是没有止境的。尤其是处于情感高峰期的青年时代，异性的美会使人产生一种愉快的体验。在这种心理状态下，团队成员彼此的心理距离便会缩短，工作效率在愉悦的气氛下也会很快提高。这样一来，在团队中就容易达成共同的愿景，使团队成员对彼此的优势予以认可，对各自弱点相互包容，还可以使彼此在一系列关键问题上意见一致、操作一致。

2. 融洽团队的气氛

在一个团队里，异性在一起多处于一种融洽的气氛中，这种气氛的积极作用会对工作有很大益处。这种影响不一定是那么明显的，但可能是持久的、有效的。对于一个团队来说，应该按性别比例合理搭配成员，这样有利于营造和谐、融洽的氛围。团队成员对自己工作的意见和思想观点会得到其他成员的公平对待并被充分听取，以此提高团队成员的责任感和自信心，最终目标是提高团队工作效率。

3. 形成互补的思维

男女不仅在生理结构和生理功能上有所不同，在心理和思维模式中也会有明显差别。正确的思维模式的组合是团队成立的重要条件，团队队员的思维模式都是为达到特定目标互补余缺所必需的。男性对事往往具有许多策略性的意见，而女性在事情的细节上面往往有更特殊的见解。

另外，男女在性格等诸多方面都有互补性，在一个团队中，异性成员在一起工作时会更充分地表现出这种互补性。在团队中，思维互补组合可以产生增值效应。所以，在团队中，男女在一起工作和学习，彼此取长补短，能最大限度地集中和发挥团队成员的智力优势并取得最佳效果。

二、男女搭配要有数

美国心理学家发现，"万绿丛中一点红"和"众星捧月"都不能创造最高的工作效率，女性在团队中的比例至少应该达到 20%。

团队成员的男女比例问题是一个比较简单的问题,也是管理者最容易忽视的问题。就拿培训来讲,谁都知道男女有别,但是又有多少团队在进行员工培训的时候,针对男女不同而专门制定不同的培训方案呢?

我们知道,男女在接受知识时,对于知识有着不同的接受能力。据调查,女性更容易接受理论,而男性更容易接受工程或经验;男女在理解并应用知识时,男性只能应用20%,而女性则可能能应用60%,但是男性的20%可能是所接受的培训内容中的最重要的部分,而女性的60%则有可能丢失掉有些很关键的内容。

也就是说,在团队中,男女的比例是有一个最佳状态的,这样的配合可以使双方取长补短。男性员工的缺点由女性员工来弥补,而女性员工的缺点则由男性员工来弥补,这样,团队就会更加完善。

因此,在一个现实的团队中,为了提高工作效率,女性比例应不低于20%。

三、男女搭配要有度

男女搭配要以工作为目的,双方的接触与交流必须仅限于工作领域,这样才不至于产生工作之外的其他情绪,也不至于因产生工作之外的其他关系而改变了工作的性质,因此,大家都要把握好这个度。

> **管理小妙招**
>
> 男女搭配干活,一定要端正心态,彼此只是朋友。如果掺杂过多私人感情,短期看确实可以配合得更默契,可久而久之,工作就会被私人感情所累,难以继续。

方法2：年龄互补，发挥效能

【方法概述】

年龄结构指的是一个团队中不同层次的成员的配比组合。由于年龄是一个与人的生命共存的、只增不减的、有极限的特征量，它不仅是人的心理功能的标志，也是人的知识、经验多少的标志。因此，合理的年龄结构，是关系一个团队是否具有旺盛的创造力和生命力，能否发挥最佳群体效能的重要因素。

【方法详解】

一、团队年龄结构的分析

我们知道，年龄的大小和个人的能力或经验有着直接的关系。从这个角度来说，并不是公司里的所有岗位都适合年轻员工，公司员工的年龄结构是影响团队动力的关键因素。

分析团队成员的年龄结构，在总的方面可按年龄段进行分析，统计团队成员的年龄分配情况，进而求出全公司的平均年龄。这项分析旨在了解下列情况。

（1）团队成员是年轻化还是日趋老化。

（2）团队成员吸收新知识、新技术的能力怎样。

（3）团队成员的工作体能负荷怎样。

（4）工作职位的性质与年龄大小的匹配度如何。

一般而言，理想的年龄结构应为金字塔型，在金字塔的顶端，是代表50岁以上的高龄员工，36~50岁的中龄员工居中，而底部人数最多，代表20~35岁的低龄员工，如图1-2所示。

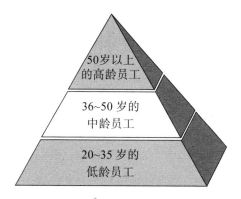

图1-2　年龄结构图

二、团队成员年龄配置的原则

处于不同年龄阶段的人，既有不同的智力和精力，也有不同的职能特点。所以，一个优秀的团队，应该由"深谋远虑"的高龄员工、"中流砥柱"的中龄员工和"奋发有为"的低龄员工共同组成一个具有合理比例的综合体，并处于不断发展的动态平衡之中。只有这样，才能按照人的心理特征和智力水平，发挥其最佳团队效能。具体如图1-3所示。

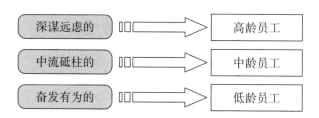

图1-3　团队成员年龄配置的原则

1. 深谋远虑的高龄员工

几十年工作经验的积淀是这些高龄员工身上不可多得的财富和实力，而且他们忠诚度高，遇事不慌张，有主见，有着丰富的职场阅历和社会阅历。

他们工作多年，拥有专业的技能、丰富的经验，多年积攒的人脉关系可以帮助企业发展客户，开拓市场。

2. 中流砥柱的中龄员工

职场上，中年一代独立、自信，精力充沛，经过多年工作的磨合，积累了丰富的工作经验，考虑问题全面透彻，组织协调能力比较强。在这方面，有着年轻人无法替代的优势。

他们能吃苦、能干事，干一行爱一行。他们注重情感交流，如果能交心，他们愿意为了工作付出。

而且由于年龄的限制和家庭的责任感，他们一般不会轻易跳槽，做事踏实稳重，对企业也比较忠诚。

3. 奋发有为的低龄员工

作为团队中的年轻人，有着初生牛犊不怕虎的精神，他们年轻有活力，浑身上下充满干劲，没有太多家庭的束缚，可以全力以赴地投入工作中。他们往往思想前卫，能很轻易地获取更多的信息资源；容易接受新的事物和观点，有很强的个人主义和自觉性；强调自主和平等，容易对话；对物质也有更大的追求和依赖感，希望拥有体面的生活。

但是对自己内心的过分关注、自我表现的强烈欲望往往使他们显得轻浮急躁，与职场规则容易产生冲突。

因此，一个高效的团队，应该是由不同年龄段的成员组成，既要有高龄员工的成熟，又要有中龄员工的稳重和低龄员工的朝气。

当然，现在社会团队成员年轻化是一种大趋势，但一定要根据各自组织的工作性质而定，要做到具体问题具体分析。一个企业或团队的工作，有的需由具备丰富阅历、稳重的中老年人去做相对有益；有的则需由充满活力、干劲十足的年轻人去做更适宜。中老年人的阅历和稳重可弥补年轻人思考问题不周到、容易冲动的缺点；而年轻人的热情和干劲又可弥补中老年人因一些惰性所产生的不足。年龄之间的互补性，能够使一个企业或团队的工作既稳健又充满活力。

 相关链接

如何管理比自己年龄大的下属

1. 气场不要太弱，要有自信心

年轻的管理人员在职场中工作总会遇到这样的问题，要正确认识自己，摆好心态，既然已经把你安排在这个岗位上，你就是一个被组织认可的领导。管理不只是靠年龄就可以的，应以积极的态度去面对，要知道拥有更强的能力才能够更让人信服。

2. 打铁还需自身硬，适时展示自己的能力

这个时代很多公司选择人才都已经不再单纯地看资历、年龄等条件，所以想要对

下属有影响力的话，就需要拿出你的成绩，用能力说话，展露一下特长，这样才能够让他们真正认可你，对你的工作能力表示肯定，也会愿意听从你的安排。

3. 尊重你的下属，虚心沟通

你想要对方怎么对待你，你就得怎样去对待对方；你尊重下属，你的下属就会尊重你。特别是对于比自己年龄大、资历更深、学历更高的人，尊重是礼数，若用权力强管会很累，不利于工作的开展。管理者可以让老员工认识到他们的重要性，抱着谦虚的心态去沟通，认可他们的价值，不要吝啬你的认可和感谢，让他们对企业产生责任感，增强其归属感，使他们认同你和他们是同一战线的，这样才能够更好地推动工作的进展。

4. 明确管理原则和底线

建立威信是管理者能力的体现，在团队内公开表达自己的管理原则、管理底线，让团队成员都了解清楚，这样会让管理工作保持公开公正。让他们清楚知道管理者的原则与底线在哪里，一旦触犯了就公平地给予警告、批评或是处罚，从而让他们知道哪些是不可以做的。

如何管理比自己年龄大的人是每一个年轻管理者都会面对的问题，管理工作需要不断分析、不断探索、不断总结管理方法，从而提升自己的团队管理能力。

方法3：性格互补，取长补短

【方法概述】

一个团队的力量绝不仅仅是个人能力的简单加和，真正优秀的团队往往能做到 1+1>2。团队的优势在于融合不同性格、不同特长的成员，发挥每个成员的优势。性格单一的团队，战斗力始终是有限的，而不同性格合理搭配的团队，战斗力将大大提升。比如，主内与主外应该是不同的人才，让细心和有耐心的人做总策划，让具有战略性眼光的人做决策方案等。互相补充，取长补短，这样的队伍才是最具有战斗力的。

第一章 配置团队成员的方法

关键词：
性格分型
性格合理搭配
性格与岗位匹配

【方法详解】

一、识别团队成员的性格

性格是一个人对现实的稳定的态度，以及与这种态度相应的、习惯化了的行为方式中表现出来的人格特征。性格一经形成便比较稳定，但是并非一成不变，而是可塑的。作为管理者，能够识别出团队每个成员个性特点，将其放在适合的业务模块，发挥其最大的价值，这对团队成员是一种工作积极性和工作态度的推进。

那么，管理者该如何识别团队成员的性格呢？早些年在企业中流行的性格分型理论，就是将员工性格分为表1-1所示的孔雀型、老虎型、猫头鹰型、考拉型四种，管理者可以参考。

表1-1 性格分型理论

序号	分类	具体说明
1	孔雀型	同情心强，属于比较爽快、果断的人，但是与老虎型不同的是，他们与人沟通的能力很强，通常以人为中心，而不是以任务为中心；他们很擅长语言表达，具有丰富的面部表情，爱表现
2	老虎型	做事爽快，决策果断，以事实和任务为中心，喜欢支配人和下命令；他们的时间观念很强，讲求高效率，喜欢直入主题，讨厌自己的时间被浪费；这种人常常是比较霸道的，非常主观；喜欢别人奉承及赞美，受不了别人的刺激
3	猫头鹰型	很难让人看得懂，他们不太容易向对方表示友好，平时也不太爱讲话，做事动作缓慢；对很多人来讲，猫头鹰型的人显得有些孤僻；做事情讲究精确、有条理，往往会有个圆满的结果；重视专业，循规蹈矩，理智，喜欢追求完美，喜欢分析
4	考拉型	友好，镇静，属于特别好的人，做起事来显得不急不躁，属于肯支持人的那种人；爱好和平，持之以恒，忍耐度强，但优柔寡断

如何应对不同气质与性格的员工

性格和气质的差别在于,性格主要是后天形成的,受社会环境影响较大,变化容易而且比较快;而气质主要受先天因素影响,比较稳定难以变化。关于气质的分类,目前已有非常明确且容易区分的气质类型。而对于性格的类型,往往具有不同的分类标准,且分类数量过于复杂。如三国时的刘劭在《人物志》一书中,就对人们的性格做了十二种类型的划分。孔子说:"性相近也,习相远也。"意思是说人性往往是在相近的自然本性的基础上,到后来发展成为差异甚大的社会习性。我们在探讨对不同个性员工的管理时,要以气质为核心,兼顾不同性格,就能够比较快速地接近员工个性管理的本质。

气质是指个体在心理过程的强度、速度和稳定度等方面的心理特征,它会影响认识、情感、言语、行动的快慢与强弱等,且往往具有先天性、稳定性的特点,但无好坏之分。而性格是指与社会和人际相关密切的人格特征及言行方式,一般受后天影响较大,如腼腆、暴躁、果断,有好坏之分。在目前流行的气质类型理论中,占有主导地位的是多血质、胆汁质、黏液质、抑郁质四种类型。

在团队管理中,要充分尊重每一种气质类型员工的现状和特点,在用人管人时对每个人的特点做更多考虑,可针对每位员工的个性优劣势,安排适当的工作岗位和工作任务,并采取适合他们的沟通方式和管理行为,发挥他们的优势,避免他们的劣势,从而减少人际关系冲突,顺利地完成团队管理工作。

1. 多血质的员工

一般表现为外向、活泼好动的人。

优点:多血质者通常动作思维敏捷,不甘寂寞,灵活好动,热情,有生动的面部表情,言语表达能力和感染能力强;易于接受新事物,乐于创新,反应敏锐,兴趣面广;善于交际,富于同情心,乐观,适应性强。

不足:注意力易转移,兴趣广泛多变,心境变化较快,办事多凭兴趣,富于幻想,缺乏忍耐力和毅力,不愿做耐心细致的工作;易屈服于挫折,性情略显浮躁。

适合的工作:适合从事社交性、文艺性、多样化,要求反应敏捷的工作,不太适应做需要细心钻研的工作。可从事范围广泛的职业,如公关、管理人员、驾驶员、医生、律师、运动员、新闻记者、冒险家、服务员、警察、演员等。

管理方式:给予他们更多的工作安排和锻炼机会,注意过程管控,多加赞扬,同时加强他们完成工作任务时的自制力,防止出现懈怠和见异思迁的行为。

2. 胆汁质的员工

一般表现为急躁倔强的人。

优点：胆汁质的人通常精力旺盛、生气勃勃、直率热情、表情丰富、开朗、积极、坦率、善交际、动作敏捷。

不足：易感情用事、任性、冲动、脾气急躁，情绪不够稳定，易犯粗心的毛病，有时刚愎自用、傲慢不恭。

适合的工作：比较适合做反应迅速、动作有力、应急性强、危险性较大、难度较高而费力的工作，如导游员、销售员、节目主持人、演讲者、外事接待人员，以及其他创新性、开拓性的工作，但不适宜从事稳重、细致的工作。

管理方式：注意运用耐心的启发诱导方式，多听取他们的意见，避免和他们当面争执；在他们表现急躁情绪时，要先进行冷处理，之后再找机会沟通，以理服人。

3. 黏液质的员工

一般表现为遇事能沉住气再思考应对的人。

优点：黏液质者通常沉着冷静、稳重踏实，说话慢且言语不多，善于克制忍让，心平气和，不易激动，但情绪一旦被激起，就变得强烈、稳固而深刻；情绪不易外露，坚强而有耐性，注意力稳定不易转移；生活有规律，遇事谨慎、三思而行，遵守既定的工作秩序和生活规律，不为无关的事分心。

不足：缺乏活力，注意力不易转移，行动迟缓，为人拘谨，因循守旧。

适合的工作：比较适合做有条不紊、刻板平静、耐受性较高、复杂持久的工作，而不太适宜从事激烈多变的工作。可从事外科医生、法官、技术人员、出纳员、播音员、会计、调解员，以及银行工作、监督工作、审计工作等。

管理方式：活跃沟通时的气氛，鼓励他们热情待人，对他们提出要求时要容许足够的考虑时间，不要强迫他们做出决定；在工作中少对他们批评指责，也不能冷处理，而应多加鼓励、赞美，肯定他们的工作表现。

4. 抑郁质的员工

一般表现为遇事敏感而又多心的人。

优点：抑郁质者通常比较敏感，善于观察，想象力丰富，情感深刻持久，好静、含蓄，外表温柔，易相处，人缘好，反应较慢，但准确性高，办事稳妥可靠。

不足：不善交际，细心谨慎，多愁善感，情感脆弱，情绪不易外露但体验深刻而持久；遇事缺乏果断和信心，生活中常有孤独胆怯的表现，工作易疲劳，疲劳后也不易恢复。

适合的工作：适合从事重复性强、持久细致、比较精细或具有保密性的工作，如档案员、技术员、打字员、排版工、化验员、保管员等。

管理方式：要多给予他们帮助和关心，提高他们的勇气，不要当众批评指责，更不能让他们当面出丑,应给予他们比较独立的工作空间,配置好适合他们从事的工作岗位。

二、团队成员性格搭配的法则

孔子言"君子和而不同,小人同而不和",这句话用到团队身上也是非常贴切的。"和而不同"的是君子团队,"同而不和"的是小人团队。打造君子团队,除了既定目标之外,领导人与团队其他成员之间的协调、成员之间的协调都是至关重要的。

《西游记》中的唐僧师徒四人,每个都有不少缺点,但组成一个团队后,却取得了成功。因为他们做到了优点与缺点互补,使团队的效率达到最高。西天取经的事业是在唐僧的带领下,在其他三位成员互相协助中圆满完成的。

唐僧的性格属于不稳定内倾型,表现为严峻、慈爱、文静、易焦虑,相当于抑郁质气质。唐僧最大的优点就是具备坚忍不拔、执着追求的性格,也正是这一性格使他牢牢把握着团队的精神核心,坚定着团队取经的目标。此外,师傅慈悲为怀、温文儒雅的作风也很好地约束了孙悟空这只顽猴。当然唐僧也有缺点,就是优柔寡断,爱听别人搬弄是非,而这恰好需要沙僧、猪八戒作和事佬。

孙悟空的性格属于不稳定外倾型,表现为好冲动、好斗、易激动等,相当于胆汁质气质。孙悟空能力强,是一个业务骨干,但是生性顽劣,方向不坚定,性格也极为放纵,骄傲自负,一般人根本收服不了他。另外,孙悟空性格直率,因而第二十七回"尸魔三戏唐三藏,圣僧恨逐美猴王"面对白骨精的化身也是举棒就打,最终导致被驱逐的下场。孙悟空不是能忍的人,耐性不够,更不可能委曲求全,这样的人物没有唐僧的约束和领导,最多只能做个居山为王的"土皇帝",修成正果怕是不可能的。

猪八戒好吃懒做,贪财好色,性格属于稳定外倾型,表现为活泼、悠闲、开朗、反应敏锐,相当于多血质气质。但是他有一个特点,就是为人老实,性格开朗,能够接受任何批评而毫无负担压力。在唐僧和孙悟空起冲突、有矛盾的时候,能够适时地缓解气氛,起到了润滑剂的良好作用。在取经途中,他的活泼和悠闲无处不在,孙悟空没事也拿猪八戒寻开心,猪八戒的存在活跃了团队气氛,是团队不可缺少的黏合剂。

> 沙僧属于稳定内倾型，性格表现为温和、镇定、安宁、善于克制自己，相当于黏液质的气质。他忠心耿耿、任劳任怨、信念坚定、知难而进。沙僧看似最不起眼，但是他却是唐僧继续前行的有力保证，因为他言语不多，勤劳听话，踏实肯干，承担了队伍中挑担这种粗笨无聊的工作，而且服从意识极强。
>
> 唐僧师徒无疑是一个成功的事业队伍，其人才分工和职责定位是非常明确的，其性格搭配更是合理协调的。

可见，团队成员性格上的差异不是团队不和谐的必然根源，反而是团队效率提高的突破口，也是团队事业成功的基础保障。不同性格的成员合理搭配可以实现性格互补，从而规避事业风险，提升团队战斗力。

在现实中，团队管理者可参考图1-4所示的法则来合理搭配团队成员。

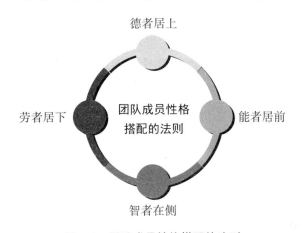

图1-4　团队成员性格搭配的法则

1. 德者居上

作为团队的领导人，必须要目标坚定、品德高尚，负责传达上级命令，督促下属工作，对下属的表现做出评判和考核。在整个团队里，领导并不一定要能力最出色，决策能力也不见得要很强，但对于要完成的任务一定要坚持到底。

唐僧能力一般为什么却能掌控整个团队的管理呢？首先，凭借他明确的目标和坚定的意志，他能够贯彻上级命令和指示，不让团队方向发生偏离。这同样适用于企业领导，制定目标和贯彻落实是最开始也是最重要的一步。其次，以权制人，权威无私。在取经路上，唐僧一直都以取经为最重要目的，毫无私心、以身作则，并且在孙悟空不听使唤时，及时使用紧箍咒制服他。同样，企业领导要一切以团队利益为准，树立权威，必要时使用权力制止员工的反抗。最后，除了强硬的约束措施，唐僧最重要的本领还是他的高尚品德，凭其人格魅力感化徒弟，让徒弟们心服口服。作为企业领导，利用规章制度、金钱利诱来约束和管理员工是短期低效的，只有以人格魅力、企业文化来感染员工，增强员工归属感和忠诚度，才能从根本上让员工心甘情愿地为企业和团队服务。

2. 能者居前

孙悟空法（能）力无边、个性率直、想法多端、行动灵活，可谓是团队内的优秀人才。然而，孙悟空欠缺自我约束力、团队合作精神和全局决策能力。可以说，孙悟空是能力超强的执行者，却不能成为运筹帷幄的管理者。也只有这样才能形成一个优秀的团队，因为如果团队里同时存在两个优秀管理者必定会造成冲突矛盾。因此，对于孙悟空这种能力超强的人才，重点是要懂得管理他以及提升他的忠诚度，这里就涉及团队规章制度的硬性约束、日积月累下企业文化和领导的带领和管理。

3. 智者在侧

唐僧团队中的猪八戒虽然好吃懒做，但是干起活儿来也保质保量；虽然自私自利，但会坚持大立场；虽然喜欢打小报告，但不会无中生有；虽然奉迎领导，但也愿意与群众为伍。还有猪八戒的协调能力是孙、沙二者不具备的：时而劝服孙悟空继续西行，时而替孙悟空跟师傅说情。从这些点我们看到，团队里不能缺少猪八戒式的员工。

且不说猪八戒不俗的战斗力，他在团队中最重要的作用就是协调各方，为整个团队的工作氛围带来活力。这类型员工虽然没有宏大目标、过人能力，但也能按时按质完成工作任务，并且给团队增添活力和欢乐，所以说在团队里也是重要角色。

4. 劳者居下

唐僧团队中唐僧只知发号施令，无法推行；孙悟空只知降妖伏魔、不做小事；猪八戒只知打打下手、粗心大意；那担子谁挑，马谁喂，后勤谁管？这便只有沙僧了。沙僧虽然能力一般，但忠心耿耿、工作踏实、任劳任怨、心思缜密，并且有良好的团队合作精神。这种角色虽然可能不会有大作为，但是团队运行离不开他。

作为一个企业，完全可以效仿《西游记》的人物角色，组建一个这样优秀的团队。

一个优秀的企业离不开团队的合作，作为企业管理者一定要会用人、用好人、留住人，用其所长，容其所短。这样才能使自己的团队永远处于不败之地，并且能够取得满意的成绩。

三、性格与岗位的匹配

对于团队的管理者来说，需要理性分析——如何通过每个人的核心性格，给他找到适合的搭档，放在适当的岗位上，这是管理者要思考的问题。

1. 不可小觑的核心性格

很多时候，管理者选用人才更多的是看他的专业、能力和经验，却未必对其性格做太多的考量。但事实上，员工的"适职＝能力×性格"，甚至性格有时比能力更为重要。试想，一个连自己的办公桌都永远毫无条理的人，如何能去做好档案工作？再或者，要运用多大的激励手法，才能让一个墨守成规的人去做创新性极强的工作？当然，这里的确需要管理者慧眼识人，去发掘团队成员的潜能，但其天生的性格特质，很大程度上决定了他是否适应一个岗位或一个团队。因此，抓住团队成员的核心性格，并且将他放在适当的位置上，才更有利于其能力的发挥。而潜能，也需要在一个适当的岗位中去发掘。

2. 性格匹配度甚于能力匹配度

在团队中，管理者通常更看重成员的能力匹配度，但事实上，性格匹配度将起到潜移默化的影响。现实中的多数团队，常常聚拢了许多性格相似的人。所谓道不同不相为谋。在一个团队中，不仅需要志同道合，更需要彼此互补和匹配。一个团队的最高境界应该是"和而不同"，而非千人一面。由程灶火教授研发的华文认知能力量表，主要用于人的能力评估，结合MBTI职业性格，可以较精准地将团队成员的性格与能力进行匹配。

3. 不以个人喜好为标准

有一些团队管理者，在考虑成员和自身性格匹配度时，常会思考三个问题。

（1）我喜欢什么样的人？
（2）我需要什么样的人？
（3）我能用好什么样的人？

而这三种情况又时常交叉和重叠，但以哪个问题为主导，就和管理者性格和领导能力有关。不自信的管理者更倾向于与喜欢的人合作，而自信的管理者则会用需要的人。

其实，对于团队成员之间的性格匹配度，管理者要相对地思考以下三个问题。

（1）团队成员喜欢什么样的人？
（2）团队需要什么样的人？
（3）团队能够包容什么样的人？

越有经验的团队管理者越不以自己的喜好为标准，越能接纳自己需要的人，能够包容甚至欣赏"异类"。因此，优秀的管理者都是不以个人喜好为标准的，而是在了解自己性格、团队成员性格的基础上进行人员匹配，以完善自身及对团队的领导；同时了解团队性格匹配的缺失和需求，建立具有包容性的团队文化。

> **管理小妙招**
>
> 当管理者思考的不再是自己的需要,而是团队的需要时,说明团队管理者已趋向自信和成熟。

方法4:能力互补,人尽其才

【方法概述】

俗话说,尺有所短,寸有所长。每个员工都有自己的优缺点,都有各自的特长。在确定好岗位责任的同时,再根据员工的性格特点、能力和素质安排工作,做到人尽其才,物尽其用。各成员之间良好协作,充分发挥作用,才能使团队的效率最大化。

关键词:
因人而用
善于挖掘特长
知人善任

【方法详解】

一、根据特长区别任用

主观和客观的局限性,决定了任何人只能了解、熟悉和精通某一领域的知识或技能,一个人不管他有多么突出,也只能在他所适应的领域具备特长。

比如,把一个擅长分销的人才,安排去做终端销售,他就不可能发挥其应有的作用,因为分销和终端是两个不同的领域,他们所接触的客户群体完全不一样。一个是面对经销商,需要有谈判技能、培训经验、社会经验,管理市场、帮助经销商开拓市场建立下一级分销的能力；而另一个只需要对终端进行维护，检查终端库存，做终端促销等工作。两种工作的内容有一定区别，对员工要求的综合素质也不一样，如果混用就不能让员工在其所适应的领域发挥他自己应有的特长。

所以在工作领域和人的特长二者中，应把考虑的重点放在人的特长这一方，要因人而用，不要人为地强求别人改变或放弃自己的特长勉强去适应工作。善于用人的管理者，总是针对人的特长领域，安排适宜的工作，分派适合的任务，以发挥人的特长优势。

> 明代朱元璋打天下时得到四位能人，他根据能人各自的专长，予以不同任用，刘基（伯温）计谋较多，就留在身边参与军国大事，宋濂长于写文章，便叫他从事文化工作，叶琛和章溢有政治才干，就派他们去治民抚镇。

二、按特长的变化而用

所有人的特长并不是一成不变的，有些人的特长还具有转移性，可以从这个领域转移到另一个领域。

比如，现在很多出类拔萃的营销人员，就有相当一部分不是学营销专业的，甚至有很多学的和营销专业毫无联系。

这些特长转移的人，往往是难得的人才，因为他们没有学这个专业，可在这个领域又做得特别好，这就说明他们的创造性思维活跃，敢于冲破习惯的束缚，善于创新、拼搏，具有很多人不具备的开拓精神和创造能力。

所以管理者一发现这些人的特长转移后，一定要对其工作领域进行调整，使其在合适的岗位上发挥他们应有的能力，为团队创造更多的效益，同时更要保证给其一个良好的工作环境和条件，这样才能既用好人才又安抚人才。

三、按状态合理安排

每个人一生中都有他自己的最佳状态。

在团队管理中，管理者也要用那些有经验、年轻、有魄力的人员，把握其状态，以便他们的特长充分发挥作用，不要等到了"衰退期"再用，到了那时，人的特长发展阶段和高峰保持阶段已过，就很难充分发挥其作用了。

四、善于发现特长

人的特长越是使用，发展得就越快，就越能增进它。相反，如果不用，那么时间一久就可能会失去特长。作为企业管理者要善于在使用中开发团队成员的特长，挖掘其特长，促进其特长发展。使用团队成员的特长，不仅能使团队发展更上一层楼，而且会真正地留住人才。

如果一名管理者发现和看到团队成员的特长而不使用，不仅是极大的人才浪费，而且也是对人才的一种可怕压制。

五、以特长取人

一个人的长处是相对其他人来说的，是通过比较得到承认的。管理者在用人的过程中要用那些比别人更优秀的人，这样你的团队才会不断提升。环境造就人才，你所使用的大多是比较优秀的人才，即使有一部分人暂时能力不强，时间一久他们的能力也会不断提升，团队整体素质也会提升。而一旦你拥有了一流人才，你就自然而然地拥有了一流团队。

所以管理者在用人时要坚持择优原则，做到以特长取人，谁的特长突出，谁的才干最好，谁的能力最强，就任用谁。

六、能者多劳也要多得

许多的管理者总爱将"能者多劳"挂在嘴边，但是，当他们讲这句话的时候，听者却在等着领导们的下文"多劳多得"，遗憾的是往往能者并没有"多得"。如果能干竟然成了自己的负累，久而久之，下属们金子般的能力和工作积极性，就会变得越来越暗淡。

所以如何发挥好团队成员的特长，在团队管理中应作为一项长期的任务来抓，而只有真正做到发挥每个人的特长，使其发挥应有的作用，这样的团队才是高效的团队。

> **管理小妙招**
>
> 知人善任也是每一个管理者都应具备的基本素质。管理者在组建团队时，应该充分认识到各个成员的基本特征，容人短处，用人所长。

自我测评

经过一段时间的学习，相信你有了一定进步，现在请参考以下标准，对照日常工作仔细查对，若打"√"的居多，说明你在这方面的能力较强；若较少，则应加强学习并认真实践，以提升自己在这方面的能力。

序号	工作标准	查对结果
1	在一个团队里，异性在一起多处于一种融洽的气氛中，这种气氛的积极作用会对工作有很大益处。因此，应该合理搭配成员性别比例	
2	"万绿丛中一点红"和"众星捧月"都不能创造最高的工作效率，在一个现实的团队中，为了提高工作效率，女性比例不应低于20%	
3	一个团队中，理想的年龄结构应为金字塔型，在金字塔的顶端，是代表50岁以上的高龄员工，36~50岁的中龄员工居中，而底部人数最多，代表20~35岁的低龄员工	
4	一个优秀团队是由高龄、中龄、低龄员工共同组成的具有合理比例的综合体。年龄之间的互补性，能够使一个团队的工作既稳健又充满活力	
5	建立威信是管理者能力的体现，在团队内公开表达自己的管理原则、管理底线，让团队成员都了解清楚，这样会让管理工作保持公开公正	
6	作为管理者，要能够识别团队每个成员的特点个性，并将其放在适合的业务模块，从而发挥出其最大的价值	
7	抓住团队成员的核心性格，并且将他放在适当的位置上，才更有利于其能力的发挥	
8	在工作领域和人的特长二者中，应把考虑的重点放在人的特长这一方，要因人而用，不要人为地强求别人改变或放弃自己的特长勉强地去适应工作	
9	要善于在使用中开发团队成员的特长，挖掘其特长，促进其特长发展	
10	知人善任是每一个管理者都应具备的基本素质。管理者在组建团队时，应该充分认识到各个成员的基本特征，容人短处，用人所长	

下一步提升计划：

第二章
目标管理的方法

方法5：了解目标管理

【方法概述】

目标管理就是指企业的最高层领导根据企业面临的形势和社会需要，制定出一定时期内企业经营活动所要达到的总目标，然后层层落实，要求下属各部门主管人员以至每个员工根据上级制定的目标和保证措施，形成一个目标体系，并把目标完成情况作为考核的依据。简而言之，目标管理是让企业的主管人员和员工亲自参加目标的制定，在工作中实行自我控制，并努力完成工作目标的一种制度或方法。

【方法详解】

一、目标的层次

目标可以分为图 2-1 所示的四个层次。

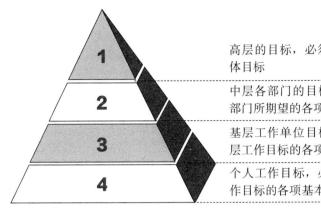

图 2-1 目标的四个层次

我们又可以从另一个角度把组织目标简化和概括为三个层次。

（1）环境层——为社会提供所需要的优质产品和服务，并创造出尽可能多的价值。

（2）组织层——作为一个利益共同体和一个系统的整体目标，如企业提高经济效益，增强自我改造和发展的能力，改善员工生活，保障员工的劳动安全。

（3）个人层——组织成员的目标，如经济收入、兴趣爱好等。

企业各管理层在相应的目标上有如图 2-2 所示的关系。

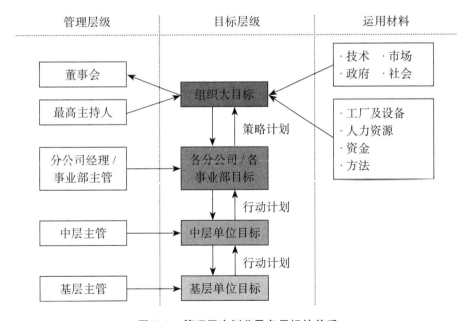

图 2-2 管理层次划分及各目标的关系

二、目标管理的基本程序

目标管理的基本程序如图 2-3 所示。

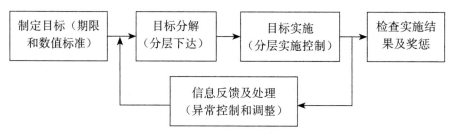

图 2-3 目标管理的基本程序

1. 制定目标

制定目标包括制定企业的总目标、部门目标和个人目标，同时要制定完成目标的标准，以及达到目标的方法和完成这些目标所需要的条件等多方面的内容。

2. 目标分解

建立企业的目标网络，形成目标体系，通过目标体系把各个部门的目标信息显示出来，就像看地图一样，任何人一看目标网络图就知道工作目标是什么，遇到问题时需要哪个部门来支持，如图2-4所示。

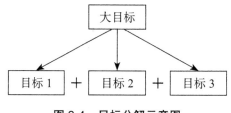

图 2-4 目标分解示意图

3. 目标实施

要经常检查和控制目标的执行情况和完成情况，看看在实施过程中有没有出现偏差。

4. 检查实施结果及奖惩

对目标按照制定的标准进行考核，目标完成的质量可以与个人的升迁挂钩。

5. 信息反馈及处理

在考核之前，还有一个很重要的问题，即在进行目标实施控制的过程中，会出现一些不可预测的问题。

比如，目标是年初制定的，年尾发生了金融危机，那么年初制定的目标就可能不能实现。因此在实行考核时，要根据实际情况对目标进行调整和反馈。

三、目标管理的内容

目标管理的目的是通过目标的激励来调动广大员工的积极性，从而保证实现总目标，其核心就是明确和重视成果的评定，提倡个人能力的自我提高，其特征就是以目标作为各项管理活动的指南，并以实现目标的成果来评定其贡献大小，如图2-5所示。

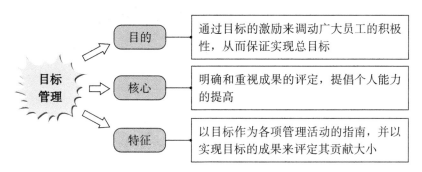

图 2-5　目标管理

目标管理的基本内容是动员全体员工参加制定目标并保证目标实现，即由组织中的上级与下级一起商定组织的共同目标，并把其具体化展开至组织各个部门、各个层次、各个成员。目标要与组织内每个单位、部门、层次和成员的责任和成果相互密切联系，在目标执行过程中要根据目标决定上下级责任范围，上级权限下放，下级实现自我管理。在成果评定过程中，严格以这些目标作为评价和奖励标准，实行自我评定和上级评定相结合，以此最终组织形成一个全方位的、全过程的、多层次的目标管理体系，提高上级领导能力，激发下级积极性，保证目标实现。

方法6：设定个人目标

 【方法概述】▶▶▶

设定个人目标就是设定要取得的成果，同时也是检测获得这些成果的工作执行情况的基础。每一位团队管理人员，都必须明确自己的目标，而且该目标要始终以组织的总目标为依据。制定个人目标，是每个团队管理人员的责任，并且是首要责任。

关键词：
目标分类
目标具体化
目标可衡量

一、为目标分类

人既然活在世上，就应该有值得努力的目标。然而，如果目标过于远大，令人觉得不太可能实现，无论是谁都不会有努力的欲望。即使好不容易勉强自己去做，往往还是会半途而废，因为一直无法感受到成功的滋味。据说在现代全程马拉松比赛中，选手常常以5公里外的标志牌为目标，到了之后，再以下一个5公里外的标志牌为目标，像这样将42.195公里的长距离分为许多个小段，而不是作为一个单程来跑。

目标如果设定在可见的距离，就会使人怀抱希望，持续努力。

二、设定近期目标

设定的目标中最重要的是近期目标。以读书为例，就是每天读书几小时，多久读完一本书。如果把近期目标设定为不需要怎么努力就能达成的目标，则成绩必定无法进步。

比如，如果每天读书2小时，那么应该把标准定在2.5小时。

把目标设定在比自己实力高一点的水平上，是很重要的。因为，目标就像是强劲的引力，可以将努力的人提高到高一点的层次。如果把目标定在低层次上，则原先可以向上的也无法提高层次。

不过，目标如果高到不可能实现也是不行的。每天读书2小时的人，如果一下子增加到10小时，实际上是不太可能的。人是现实的动物，如果努力的成果浮现在眼前，人就会更加努力；如果一直没有成果，努力就根本无法持续。

三、让目标最大化

有一个人经过一个建筑工地，问砖匠们在做什么，三个砖匠各有不同的回答。

第一个砖匠回答说:"我在砌砖养家糊口,挣口饭吃。"
第二个砖匠回答说:"我在做最棒的砖匠工作。"
第三个砖匠回答说:"我正在建造一幢漂亮的洋楼。"

作为管理人员,在设定个人目标时,应让自己像第三个砖匠那样胸怀大志,清楚自己目前所做的事情在自己的人生目标中占什么位置,具有什么意义。那样,就算再无聊、再不喜欢的工作,一样会干劲十足,效率百倍。就像上面所说的普通的砌砖工作,表面上看起来,似乎又辛苦又无聊。然而,如果知道这项工作是为了建造一幢漂亮的洋楼时,不但干劲十足,同时也充满了喜悦,工作效率因此提高。

四、让目标具体化

管理人员在设定个人目标时,必须让目标尽可能具体,缩小范围,这样才能符合实际情况,也容易制定实现的具体方法,更具有可操作性。

要使目标具体化,应把握图 2-6 所示的原则。

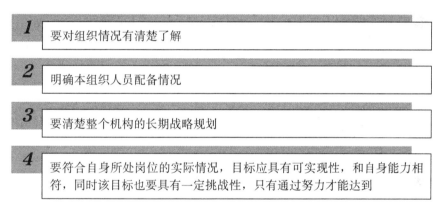

图 2-6　使目标具体化的原则

管理小妙招

目标固然应该具体,但不能太过琐碎,这样反而会忽略大目标。如此一来,自己会觉得为目标努力不值得,忍耐更失去了意义。所以,应时刻提醒自己:自己的远大目标、一生的目标是什么。

五、让目标可衡量

目标达到与否要有可衡量的标准和尺度,这是进行效率考核的基础,也为目标过程管理提供依据,方便对工作执行情况进行检测。

那么，作为团队的管理人员该如何做到工作目标可衡量呢？具体方法如图 2-7 所示。

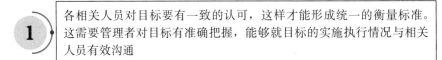

1. 各相关人员对目标要有一致的认可，这样才能形成统一的衡量标准。这需要管理者对目标有准确把握，能够就目标的实施执行情况与相关人员有效沟通

2. 将工作目标、方法、优先级以及时间明确记载在年度目标上，考核时，每项目标达成情况都一清二楚，可以逐项对照，切实进行考核

3. 对于目标中符合长远战略部分的计划，应当结合远景规划进行衡量，同既定规划相比较，寻找差距，作为改进目标的基础

图 2-7　工作目标可衡量的方法

六、让目标具有相关性

管理人员在制定目标时，应尽可能体现其客观要求与其他任务的关联性。目标前后要有一定的相关性，应保持连贯性，直至达成一个阶段性的目标或战略规划有了变化。

其实做到目标的相关性也很简单，主要是在制定个人目标时要体现出总体目标的要求，目标前后有一定的继承关系。另外要注意的是，无论是个人目标还是总体目标，都源自对实际情况的分析，应把握好目标的实时性，能结合变化的情况更新目标。

> **管理小妙招**
>
> 每个人都不会只有一个工作目标，设定目标时，应给予每项目标一个目标系数，来决定目标的优先级。所有目标系数的总和必须是 100%。

七、与整体目标一致

个人目标应该是依据整体目标制定的，同整体目标保持一致是必须的，只有符合整体目标，个人目标才具有可行性和现实性，管理者才能取得个人进步和组织发展的双赢局面。要做到与整体目标一致，在制定个人目标的过程中管理者应注意图 2-8 所示的问题。

第二章 目标管理的方法

1 个人目标应与组织结构以及部门的利益相吻合

个人目标最好是整体目标完成的前提或必要组成部分 2

3 个人目标的达成将有助于推动组织目标实现

图 2-8 制定个人目标时的注意事项

方法7：设定团队目标

【方法概述】▶▶▶

作为团队管理者，在设置好自己的个人目标之后，就要着重考虑团队目标的设定了，这样才有利于团队效率的提升。管理者在设定团队目标时，一定要遵循相关原则。

【方法详解】▶▶▶

一、目标设定应与执行人员有关

目标的设定，最好以个人为基础，再将总目标上下贯通。因为如仅以组织为对象时，个人的成果和责任反而模糊不清，个人的责任感以及工作欲望也较为淡薄。

设定以工作能力提升为目标管理重点时，如不以个人为对象来设定目标，则失去激励的作用，与目标管理的主旨相脱节。以业务绩效的提高为目标时，管理者要尽量征求所属人员意见来设定目标，即以团队成员及职级来加以设定目标，这样也可收到团体合作的功效。总之，设定目标时，无论以团队还是以个人为对象，一定要与工作人员有关，并与组织的总目标上下贯通，互相结合。

比如，销售部的团队目标，其实就是销售总监个人的目标。下属团队（如华南区销售部、华北区销售部等）为配合上级销售总监个人的目标，必须与其目标方向相符，承担分配的相应工作。而华南区销售部、华北区销售部的单位目标，其实就是华南区销售经理、华北区销售经理个人的目标。

二、目标种类不宜多

设立目标时，如果有太多的构想是不可能提高工作成果的，那么这个目标是无效的。

比如，某部门最初采用目标管理时，主管提出20项目标，结果在年终总结时发现根本没有任何一项能令人满意。这个主管原本非常努力，但却把努力的方向分散成数十个，结果一事无成。

如果每个管理人员都能够把各自所负责的部门的职责充分完成，目标的数量当然是愈多愈好。但是，如果制定那么多目标，力量势必分散，当然就需要决定焦点或浓缩目标。如果制定的目标是全部应履行的职责，则会排列很多项目，就必须浓缩重点，把目标浓缩在5项之内是比较合适的。

比如，某公司营销科长的目标为：滞销库存品减少20%，A商品销售量增加15%，收款周转率增为3%，交货迟延次数降为每月2次以下。

把目标减少到5个以内后，要将所选择的目标依照重要的程度按顺序排列，以期重点指向更清楚。因此，管理人员应由其需要来决定轻重缓急，依序由重要的到不重要的，分别定下目标。

管理小妙招

在把目标浓缩成5个重点项目时，对于一些未能作为目标的日常工作，也不可视为"不是目标就不努力执行"，不能视为"适当去做就好了"。因为这些日常的工作本来就是应该做的，所以也非常重要；而且根据目标的管理，是要在这些日常工作做好之后再设法达成重点目标。

三、所定目标要与上级目标有关

管理者在设定自己和团队的目标时，必须是循着上级已定的目标及方针来设定。如果设定的目标未能与上级目标相连贯，则不管目标多完善，也不能成为一体，对整体目标及成果会有反作用。

一个管理人员的目标，必须与其被上级赋予的权力相一致；其下属各层级主管的目标，也同样要与管理人员的目标及公司的目标相一致。目标一致，但执行的方针可各不相同。管理人员所定的目标缺乏一致性或仅保持其自己的立场，在目标管理制度中均视为缺乏协调。

比如，销售主管的主要目标为"增加10%的销售量"，则其所属分区销售员的主要目标，就要配合其主管目标中增加的百分数，反映出各自所需增加的数额，如"产品A增加销售额80万元"等。

四、与各部门目标相互配合

各部门的目标，虽都按照总目标分别设定，但这些同级的目标，如果不做横向的联系与配合，则仍无法圆满达成总目标。

如果管理者为本部门所定的目标，有牵涉到其他部门，应请上级协调，将此共同目标列入相关部门之内。

比如，企业要"减少客户退货数量5%"，正常而言，这一目标已超过品质管制的范围，应该视为生产经理的分内之事，因而将此目标交由生产经理达成，并由相关部门的品质管制经理予以协助，较为合适。

五、部门之间目标要彼此平衡

各部门并非各自为政地自行订立目标，而是互相有关联的，横向互相协助，可以补足对方的不足。这样设定目标时，目标的达成不但更容易，成效也更高。

比如，减少交货的延误，不但营销部门将其作为目标，同时设计部门、采购部门、生产部门也共同将其作为目标，效果能更好。

目标的达成，与其他部门或工作流程有密切关联，易于互相影响。与直线部门的业务有密切关联的幕僚部门，只有在直线部门目标达成后，幕僚部门的工作才能实现。因此，不得不采用共同目标方式。

比如，技术部门的流程改善对产量的增加虽有帮助，但也要生产部门接受技术部门的改善方案并予以实施，才能达到目标。所以某某工作流程的改善以增加产量20%的目标，必须要生产部门与技术部门以共同目标方式共同执行，否则无法奏效。

方法8：设定下属目标

【方法概述】

设定目标是目标管理的基础。管理人员应宣导本部门工作方针，并协助下属拟定出符合公司策略和本部门实际的目标。

【方法详解】

一、将目标、方针告之下属

（1）下属在初步设定目标时，管理人员必须慎重、妥善地与其沟通讨论，不可断然采取强制命令式的做法，其目的就在于要令下属了解目标的重要性，更要令下属是自愿、自动、自发要达成目标。由各下属与管理人员讨论后方决定目标，可使下属对所定目标乐于接受、自愿达成，即所谓参与管理。

在订立目标之前，高级主管要召集中层主管，基层管理人员则要召集所有下属，来共同商讨如何订立本部门目标，使他们有发表意见、参与决定的机会，觉得目标是由他们自己定出来的，于是产生一种责任感，进而发挥潜能，努力完成。当然，目标及方针理应由上级率先提示。首先从总经理，依次到各部门经理，经过部门间相互调整之后，再下降到主管级、组长级。此时不但要明示目标，同时也要将方针明示。下属不但可由此明白上级目标的方向，了解其重点，同时也有助于其自身目标的设定。

这种做法使目标体系明朗化，也使各员工的个人目标能直接与企业的整体目标联系起来。

（2）作为管理人员，当上级设定目标、方针之后，也必须将之传达给下级，而传达的方式如果采用宣示方式，则效果可能不佳，下属可能了解不彻底。因此最好采用对话方式，一方面将目标、方针告诉大家，一方面征求下属的意见，这样下属将有更多的参与感，令其在设定自身目标时，因了解透彻而获得更佳效果。

二、协助下属设定目标

管理人员将本部门的目标告诉下属后，再协助下属去设定目标。管理人员对下属先明示自己的方针与目标，务必完全且具体，而且数量不可太多。然后与下属举行有关目标的共同讨论会，决定本部门目标。

管理人员在和下属举行共同讨论会时，应注意图2-9所示的问题。

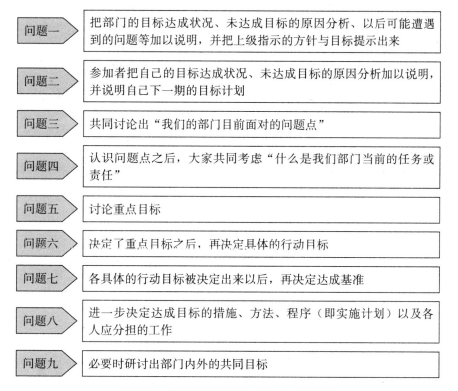

图2-9　举行共同讨论会时应注意的问题

完成上述九项工作，等于是决定了部门的重点目标与方针，然后再征得更高一层的上级同意，明白地颁布于部门内。

三、合理调整工作分配

管理人员要想做好下属的目标管理，首先要重新检讨部门内每个人职务分配情形，必要时加以调整，并尽可能做到分配合理化及简单化。在工作分配量的方面，工作方式一经简化，应进一步研究每个人职务的分配是否能再加以充实，以提高下属的工作满足感。

比如：原来由三个人做的工作，是否能改由两人来承担，以求每个人或每个单位都能承担到最大限度的工作量；原来由 A 担任的工作，是否可改由 B 执行，以求人适其才。通过以上方法激发下属的积极性，以利于工作效率提升。

方法9：进行目标管理

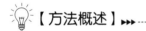

所谓目标管理乃是一种程序或过程，它使组织中的上级和下级一起协商执行，根据使命确定一定时期内组织的总目标，由此决定上、下级的责任和分目标，并把这些目标作为经营、评估和奖励每个单位和个人贡献的标准。所以，管理人员应该对目标管理有一个很好的领会和理解，并把它付诸实施。

【方法详解】

一、协调好各个目标

目标管理的目的在于高效率、高质量实现组织的总体目标，即提高组织的整体效能。但是，实际情况是组织内部除了总目标外，还存在由各部门的分目标以及具体到个人的目标等构成的目标体系。目标管理重视结果，强调自主、自治和自觉。但这并不等于管理人员可以放手不管，相反，由于形成了目标体系，一环失误，就会牵动全局。

因此要协调好这些目标间的关系，提高组织整体效能，有如下要求。

（1）一定要注意克服本位主义和各自为政的思想。

（2）进行目标的过程管理，定期检查，利用和下属经常接触的机会和信息反馈渠道自然地进行。

（3）要向下属通报目标完成进度，便于互相协调。

（4）要帮助下属解决工作中出现的困难问题，当出现意外、严重影响组织目标实现时，也可以通过一些调整修改原来的目标。

二、明确责权利关系

在目标的分解过程中，对于特定的岗位和个人，其目标、责任、权利、利益已经明确。在目标管理中要防止有权无责或有责无权的现象发生，同时，还要使目标完成情况同下属的切身利益结合起来。也就是，要有一套完整的目标体系来衡量个人的最终绩效，这应在设计组织目标的过程中就考虑到。

三、自我统御实施

1. 要了解整体目标、上级目标、个人目标

了解组织的总体目标，才能明白行进方向；透过目标体系图，才能明白自己的目标在总体目标中的位置，有助于目标的达成。了解组织的目标与方针，对于部门目标的达成，才更有依据可循；对个人的目标如何达成，如何控制，才有更彻底的认识与执行意愿。

2. 自我管理

要进行自我管理，整体目标应明白提示，部门的目标及方针应被充分了解，同时也应以明确的形态设定，以具体、定量的方式来表示最后结果。不得已时，以日程目标代替，但仍以能测定达成度为宜。如此，才能自己检查达成过程，才能做好自我统御。

3. 自由裁量

目标应达成的成果，可由达成目标的执行人自由裁量决定，为目标管理制度的重点之一。让执行人在充分了解组织目标、上级目标之后，拥有自由决定其工作方式的权利。虽强调自由裁量、容忍错误，并非执行人就可以为所欲为，仍应通过组织的管理手段，定期报告工作开展进度。因目标管理尊重执行者的意愿，可给予较大的自由裁量的余地。

4. 权限委让

组织内对权限的委让，视各组织的个别规定而有所不同，尤其牵涉部门间的协调事项，变化复杂。如何授权下属，取决于管理者的判断能力及双方事先议妥的委让条件等。总之，权限的委让，虽以规定、不成文的习惯为依据，但一般仍以下属的目标大小、能力高低为决定的准则，再加上管理者的判断能力。

5. 自己统御执行过程

管理工作，常要通过实践才能获得最佳学习效果。为达成所设定的目标，管理人员当然要自己来统御其管理过程。在这一过程中，必会遇到许多预料不到的事，必须由自己负起责任来克服、完成，由结果得知自己判断的适当与否，并借此培养自己判断事物的能力及处事的决断力。

四、协助下属执行

目标既已设定，管理人员应依"目标卡"所定的项目，按照工作计划，自己负责推行。如何协助下属，通过下属的努力，来达成既定的目标，接受最后的成果并承担相应的责任，便是每个管理人员的职责。管理人员可通过下列方式来协助下属执行目标。

1. 适当的授权

下属设定目标后，管理人员就应将所属职务范围内的决策权力及责任，尽量授予下属。下属因此有被重视的感觉，必然会产生工作意愿与荣誉心。

就目标管理而言，为达成目标，必须给予下属充分权限，以便下属能有发挥的机会。但在发生突发事件时，管理人员多半会收回这些权限，因为处理突发状况时往往需要权力高度集中，下属在这种情况下也不习惯利用权限，内心反而会不安。如果只是认为下属不愿意负责,就收回权限的话,则下属就会丧失成长机会,造成只有管理者独自不停地忙碌。

2. 提高下属的工作意愿

管理人员的基本任务,在于借助下属的力量,完成组织的工作目标。管理人员若失去下属,好像一个人失去了手脚,行动艰难,难以完成组织所赋予的使命。所以管理人员一定要获得下属的拥戴与合作,并提高下属的工作意愿,以便圆满达成目标管理。虽然,管理人员与下属之间,工作意见难免会不一致,但只要诚恳、耐心地与下属切磋探讨,问题症结必可迎刃而解。况且,每一个人都希望别人尊重自己、信任自己,因此管理人员应做好图2-10所示的工作。

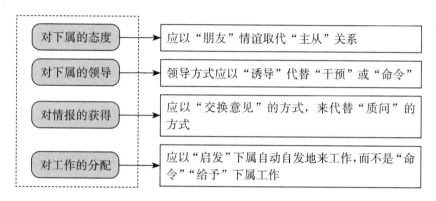

图2-10 提高下属工作意愿应做的事

通过上述的执行方式,管理人员一方面能把握目标管理的全部进展,另一方面可使下属工作意愿高昂,达到提高工作效率的效果。

3. 给予下属支援与协调

在实施目标管理的过程中,管理人员要根据下属"目标卡"所列的工作条件,给予必要的人力、物力上的支援与协助。此种支援与协助通常在下属提出请求或其管理目标遭遇困难时为之,避免造成下属认为是管理人员在干预或妨碍其自由度。另外,下属所定目标的达成,需依赖其他单位的支援时,管理人员应协助进行"横向联系",以加强部门间的团队合作,共同达成目标。

4. 适时地交换意见

管理人员适时地与下属交换意见,是达成目标不可或缺的要件。为使目标管理正确,身为管理人员要承上启下。除必须充分了解直属上级的方针、目标,与下属的目标内容外,对于客观情势的发展,如果未能掌握充分的情报,则将难以应变而影响工作目标的推进。所以,管理人员不但应主动与下属交换意见,更应积极表示欢迎下属提供意见，以便掌握情报，发掘问题。如此，才能给予下属适当的支援，协助其顺利达成目标。

5.适当的控制

目标管理强调授权，并要求目标执行人以自动自发的精神去推动工作，但并不是说目标执行人的上级（管理人员）可以放手不管。管理人员应集中注意力于那些执行结果发生偏差者，并协助下属采取补救或纠正措施。管理人员应让下属去自我统御，并非放任。虽对工作的细节不予干涉，但对工作的达成情况，则需要正确地把握，在必要时给予适当的建议与协助，让下属能有效地工作以达成目标。

> **管理小妙招**
>
> 目标的执行责任虽在于执行人（下属），管理人员仍要承担达成目标的责任。故在整体目标的指引之下，仍须对下属做合理的督导与控制。

五、进行及时反馈

作为管理人员，应建立一套良好的反馈体系，这样，员工能及时了解自己目标的完成情况，明确目标的现状和进展情况，有助于他们的自我控制、自我纠正、自我完善和自我加强。所以，管理人员在下属递交项目完成的书面报告时，不是仅看结果，还要同下属一起总结成功与失误，总结对工作的掌控技巧。这样将会极大鼓励员工的积极性。

六、体现考核效果

实现目标管理，必须坚持严格考核和兑现奖惩。目标责任是考核的基础，而考核又是奖惩的依据。没有严格的考核和严肃公正的奖惩，目标管理就会流于形式。所以，达到预定的期限后，下属首先进行自我评估，提交书面报告；然后上下级一起考核目标完成情况，决定奖惩；同时讨论下一阶段目标，开始新循环。如果目标没有完成，应先分析原因和总结教训，切忌相互指责，这样才能保持相互信任的气氛。要体现考核的效果，就应当体现公平公开原则，做到论功行赏，依过处罚，不称职者调整岗位，这样才能使目标管理真正起到作用。

> **管理小妙招**
>
> 目标管理的精髓是需要共同的责任感，它依靠团队合作。管理人员应时时问自己，是否就任务选配了最适合的人选，是否成功引导、帮助、鼓励了下属去理解和实现组织的目标。

自我测评

经过一段时间学习，相信你有了一定进步，现在请参考以下标准，对照日常工作仔细查对，若打"√"的居多，说明你在这方面的能力较强；若较少，则应加强学习并认真实践，以提升自己在这方面的能力。

序号	工作标准	查对结果
1	管理人员在设定个人目标时，必须让目标尽可能具体，缩小范围	
2	对于部门目标的制定，可把目标浓缩成5个重点项目，依照重要的程度按顺序排列，以期重点指向更清楚	
3	如果管理者为本部门所定的目标，有牵涉到其他部门，应请上级协调，将此共同目标列入相关部门之内	
4	下属在初步设定目标时，管理人员必须慎重、妥善地与其沟通讨论，不可断然采取强制命令式的做法	
5	管理人员将本部门的目标告诉下属后，再协助下属去设定他自己的目标	
6	管理人员要想做好下属的目标管理，首先要重新检讨部门内每个人职务分配情形，必要时加以调整，并尽可能做到分配合理化及简单化	
7	在目标管理中要防止有权无责或有责无权的现象发生，同时，还要使目标完成情况同下属的切身利益结合起来	
8	在实施目标管理的过程中，管理人员要根据下属"目标卡"所列的工作条件，给予必要的人力、物力上的支援与协助	
9	管理人员在下属递交项目完成的书面报告时，不是仅看结果，还要同下属一起总结成功与失误，总结对工作的掌控技巧	
10	实现目标管理，必须坚持严格考核和兑现奖惩。达到预定的期限后，下属首先进行自我评估，提交书面报告；然后上下级一起考核目标完成情况，决定奖惩；同时讨论下一阶段目标，开始新循环	

下一步提升计划：

第三章
日常沟通的方法

方法10：学会沟通，理解为纲

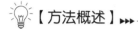【方法概述】

有效的沟通是提高企业管理组织运行效益的重要环节。实现管理沟通规范化，也就是通过把一种高效、科学的沟通技巧和方法作为管理人员的具体管理行为规范确立下来，让每个管理人员都遵照执行。

【方法详解】

一、什么是沟通

1. 沟通是信息的传递

沟通就是将信息传递给对方，并期望对方做出相应反应的过程。如果没有信息或观念的传递，沟通就不会发生。

2. 沟通是双向的过程

人们在工作和生活中，常把单向的通知当成了沟通。在与别人沟通的过程中如果是一方说而另一方听，这样的效果会非常不好，换句话说，只有双向的才叫作沟通，任何单向的都不叫沟通。因此，沟通的一个非常重要的特征是：沟通一定是双向的过程，如图3-1所示。

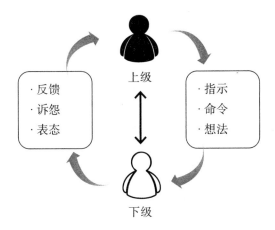

图 3-1　沟通是双向的过程

二、沟通的特点

沟通具有图 3-2 所示的四个特点。

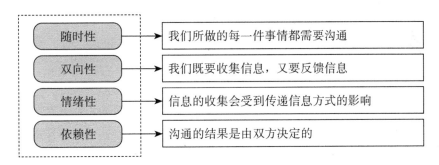

图 3-2　沟通的特点

三、有效沟通的作用

在管理人员的日常工作中,沟通是一项重要的技能,有效的沟通能起到以下作用。

(1)促进工作的积极开展,可以使思想保持一致,产生共识。

(2)减少工作上的摩擦争执与意见分歧。

(3)使管理人员洞悉真相,消除误解。

(4)减少互相猜忌,凝聚团队情感。

(5)疏导人员情绪,消除心理困扰。

(6)使员工了解组织环境,减少革新阻力。

(7)收集信息,使团队信息共享。

(8)增进人员彼此了解,改善人际关系。

(9)与他人沟通越充分,就越有可能实现自己的目标;同时,任何形式的不良沟通,都有可能带来时间和资源的浪费。

四、沟通的方法

管理人员的沟通分为正式沟通和非正式沟通。正式沟通适用于处理与任务有关的问题,并倾向于遵守组织的权力链。当管理人员给某个员工下达指示,向本部门的工作团队提供建议,或者下属向管理者建议,在某一项目上同其他管理人员相互沟通,对上司提出的要求做出回应时,都是用正式的沟通来进行。具体可通过讲话、开会、书面材料、电子媒介和口头行为进行正式沟通。非正式沟通可跨越权力级别,在满足社会需求的同时也有助于完成任务,例如非语言沟通、小道消息。

1.口头沟通

口头沟通即利用口语面对面地进行沟通。在口头沟通中,知识丰富、自信、发音清晰、语调和善、有诚意、逻辑性强、有同情心、心态好、诚实、仪表好、幽默、机智、友善等是有效沟通的特质。

2.书面沟通

如果信息具有长期影响,或者非常复杂,在打算使信息正式化时,需要用书面形式来传播。

比如,引进一项新的部门程序应该用书面形式来传达,这样员工就有了可供参考的永久记录。

为了使员工理解绩效评估而提供书面总结也是一种好方法,因为它有助于减少误解和建立对所讨论问题的正式记录。部门报告含有很多细节性数字和事实且比较复杂,所以最好用书面形式传播。

书面沟通的原则如图 3-3 所示。

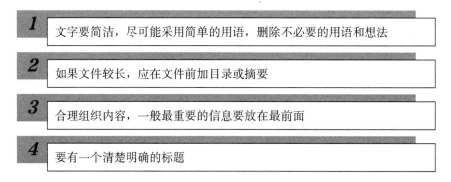

图 3-3 书面沟通的原则

3.电子媒介沟通

计算机、网络极大地增加了管理人员的沟通选择。现在,你可以依赖大量的电子媒介手段进行沟通,这包括电子邮件、聊天软件、视频会议等。网络的沟通可以让你对远在外地工作的员工进行管理,可以参加电子会议,可以和供应商、客户在网上进行沟通。

4. 非语言沟通

非语言沟通是相对于语言沟通而言的,是指通过身体动作、体态、语气语调、空间距离等方式交流信息、进行沟通的过程。在沟通中,信息的内容部分往往通过语言来表达,而非语言则作为提供解释内容的框架,来表达信息的相关部分。因此,非语言沟通常被错误地认为是辅助性或支持性角色。

5. 小道消息

小道消息几乎在所有组织都有。有研究发现,小道消息是沟通的一种方式,通过它,基层员工可以在第一时间知道组织的重大变革。在正式文件和其他正式资料到达之前,员工就能做出评估。

小道消息无法永远消除,因此管理人员应该好好利用它。如果只有很少一部分员工传播消息,管理人员就可以分析并预测它的流向,特定的信息很可能按照特定的模型传播,如图3-4所示。甚至可以利用那些活跃并善于发现值得传播的信息的关键成员散布信息,这样就可以用非正式的小道信息向某些特定的个人传达信息。

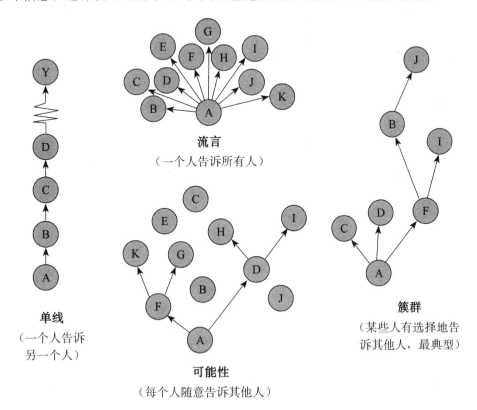

图 3-4 小道消息的传播模型

五、有效沟通的障碍

有人为不善辞令、不会讲话而烦恼,因为常常造成沟通不善;但健谈的人也未必就是沟通高手。如果只会喋喋不休,易引起别人的反感,沟通也会有障碍;而不善表达者,如果抓住了重点,掌握一些技巧,沟通也会出奇制胜。有效沟通的障碍如图 3-5 所示。

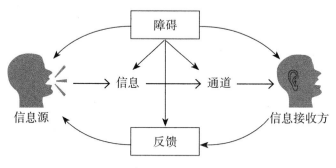

图 3-5 有效沟通的障碍

常见的沟通障碍一般来自三个方面,即传送方(信息源)的问题、接收方的问题及传送通道的问题,如表 3-1 所示。

表 3-1 沟通的主要障碍

障碍来源	主要障碍
传送方	(1)用词错误,词不达意 (2)咬文嚼字,过于啰唆 (3)不善言辞,口齿不清 (4)只要别人听自己的 (5)态度不正确 (6)对接收方反应不灵敏
传送通道	(1)经过他人传递而误会 (2)环境选择不当 (3)沟通时机不当 (4)有人破坏、挑衅
接收方	(1)听不清楚 (2)只听自己喜欢的部分 (3)偏见 (4)光环效应 (5)情绪不佳 (6)没有注意言外之意

六、特殊的沟通技能——倾听

心理学研究表明，人在内心深处，都渴望得到别人的尊重。倾听是一项技巧，是一种修养，甚至是一门艺术。学会倾听应该成为每个渴望事业有成的人的一种追求，一种职业自觉，倾听也是管理人员必不可缺的素质之一！

很多管理人员不乏这样的经历：感觉自己受到不公平待遇的员工愤愤不平地找你评理，你不需要跟他讲理，只需认真地听他倾诉，让他把情绪宣泄出来，表达他的不满；当他倾诉完，心情就会平静许多，然后，问题很可能就解决了，根本不需你做出其他行动。

倾听对管理人员至关重要。当员工明白自己谈话的对象是一个倾听者而不是一个等着做出判断的管理者时，他们会毫不隐瞒地给出建议、分享情感。这样，管理者和下属之间就能创造性地解决问题，而不是互相推诿、指责。

那应如何应用这项技能呢？具体如表3-2所示。

表3-2 倾听的技能

序号	技能	运用要点
1	主动	如果你不愿意尽力去听和理解，那就没有别的办法可以改进倾听效果了。积极倾听是一项累人的工作，所以要想成为有效的倾听者，第一步就是愿意努力
2	进行目光接触	在你讲话的时候对方不看你，你会是什么感觉？大部分人会认为这表示冷淡和不感兴趣，有一句话说得很好："当你用耳朵去听时，人们却通过看你的眼睛来判断你是否在听。"可以通过与讲话者进行目光接触来集中你的注意力，降低分神的可能性，同时也可鼓励讲话者
3	表现出感兴趣	可通过非言语信号，如在眼神接触时坚定地点头，适当的面部表情等表示你正在专心地倾听
4	避免分神行为	不要做出一些暗示你正在思考其他事情的动作，在你听的时候不要出现看表、翻动文件、玩你手中的笔或其他类似的分神动作，这样讲话者会认为你觉得他的讲话内容无聊或无趣。或许更重要的是，这些动作表明你没有全神贯注地倾听，而且可能漏掉了部分信息
5	表现关注	将自己置于听者的位置来理解讲话者的所看、所感，不要将你自己的要求和意志反映到讲话者身上。当你那样做时，你可能会只去听你想听的那部分。反过来，应该问问自己：这个讲话者是谁，他从哪儿来，他的态度、兴趣、经历、需要和期望又是什么
6	把握整体	像解读实际内容那样去解释感觉和情绪，如果你只听词语而忽视其他声音信息和非言语信号，你将漏掉很多细微信息
7	提问	分析自己所听到的内容，并且提问，通过提问澄清所讲内容，以确保理解内容，并向讲话者表明你正在倾听

续表

序号	技能	运用要点
8	解释	用自己的语言复述所讲内容，用"我听你这样说……""你的意思是不是……"此类语句复述
9	不要插嘴	在你回答之前，让讲话者将他的思想表达完毕，不要试图去揣测讲话者的思路，当他说完你就知道了
10	整合所讲内容	在听时利用空闲时间来更好地理解讲话者的思想。不要将每一条信息都作为一个独立的部分，而应将这些片断串联起来，等讲话者说完时，你将得到数条综合的信息而不是数条互不相关的信息。如果没有达到这种效果，你就应该问一些能填补这些空白的问题
11	不要讲话太多	大部分人都喜欢表达自己的看法，而不愿听其他人说。太多人倾听只是为了获得一个说的机会。你无法同时听和说，好的倾听者意识到这点，不会说得太多
12	让讲话者和倾听者间的转换更流畅一些	在很多工作环境中，你需要不断地在讲话者和倾听者两个角色之间转来转去。从倾听者的角度来说，你应该关注讲话者所说内容，在获得发言机会前不要总是去斟酌自己的讲话内容

七、沟通中的反馈技巧

反馈有正面和反面。正面的反馈通常会很顺利，也会受到欢迎，负面反馈则大不相同。和大部分人一样，管理者也不喜欢传递糟糕的消息，他们害怕下属的抵触情绪，却又必须得去处理这种情绪，结果导致大家常常避免、推迟作出负面反馈。

1. 正面反馈和负面反馈的差异

正面反馈比负面反馈更容易被接受，而且正面反馈几乎被全部接受，而负面反馈常常遭到抵制，为什么？从表面上看是因为人们喜欢听到好消息而不喜欢听到坏消息，正面反馈刚好符合了人们喜欢听到好消息并自信能达到好结果的心理。

那么这是不是意味着你应该避免负面反馈？不是！

你应该注意到这些潜在的抵制性，要学着去选择最容易接受负面反馈的环境来实施这种反馈。当负面反馈是由一些硬数据（数字、特殊的例子等）来支撑时，就应该实施该反馈。

2. 如何给予有效的反馈

要给予有效的反馈，必须做到图3-6所示的几点。

图 3-6　给予有效反馈的要点

（1）针对特定的行为。反馈应该是特定的，而不是全面的。要避免说"你态度不好"或"我对你所做的好工作留下了很深的印象"这类话。这些话包含的反馈信息含糊不清，它们并未告诉接收者如何改进"不好的态度"，也没有说出你是根据什么来判断对方做了"好工作"，这样倾听者就不知道应该发扬哪些行为了。

（2）保持反馈非个人化。反馈，尤其是负面反馈，应该是描述性的，而不是判断性和评估性的。不管你怎样生气，都应该让反馈针对特定的、与工作有关的行为，不要因为某人的一些不适宜行为而进行人身攻击。比如，说下属没有竞争力、懒惰等常常会带来反面效果，会引发一些负面情绪。当你批评下属时，要围绕与工作有关的行为进行，而不是针对人。

（3）围绕目标进行反馈（目标导向）。不要为了"摆脱或推卸"进行负面反馈。如果你必须去说一些负面的事情，要确信它是直接针对接收者的目标的。自问负面反馈是为了帮助谁？如果主要是为了你自己，"我总算说出了憋在心里的话"，那么请不要发言，这种反馈会降低你的可信度，削弱你以后反馈的意义和影响。

（4）选择恰当时机反馈。当反馈指向的行为和接受反馈的时间相隔很短时，反馈最有意义。

比如：对于一个出了差错的新员工来说，如果在出错之后立即提出或者在当天下班时提出建议，他会更愿意接受建议、改正差错；如果是在 6 个月以后的绩效评估中提出，则效果会大不如前。

当然，如果你没有充足的信息或者你因为其他事情而心情不好时，仅仅为了"快速"地提供反馈，接收者很可能会反驳你。在这种情况下，"恰当时机"的意思就是"推迟一些"。

（5）确保被理解。你的反馈足够细致完整而能使接收者完全清楚地理解吗？记住，每一个成功的沟通都需要传递、理解意思。要想反馈有效，你得让接收者理解反馈内容。同倾听技巧一样，你应该让接收者复述反馈内容，以确定他领会了你想表达的意思。

（6）直率的负面反馈。负面反馈应该针对那些接收者可以改变的行为，向某人提出他自身无法控制的因素没有什么价值。

比如，批评一个因为忘了设置闹钟而迟到的员工是有效的，但一个员工因每日工作必搭乘的地铁出了问题，使她耽搁 50 分钟后才到达，批评她是毫无意义的，她无力改变所发生的一切。

而且，对一些接收者可控制的情况提供负面反馈时，特意提出一些改进建议可能会更好。这需要在批评之余指导那些知道问题存在但不知道如何解决问题的员工。

方法11：上行沟通，尊重为主

【方法概述】

作为管理人员，应学会基本的与领导沟通的方法，这不仅能使领导对你所管理团队的运行有更清楚的了解，而且能使整个团队管理实现良性循环。

【方法详解】

一、接受领导的指令

管理人员能否正确理解并接受上级领导的指令，将直接关系到整个团队对企业管理方针、政策的理解和执行。

1.接受工作指令的时候

（1）当领导喊到你的名字时，要声音洪亮地应声说"是"。同时，应根据现场实际情况决定是否迅速地走到领导的跟前，表现出积极听从领导指令的态度。

（2）接受指令时，必须仔细听完领导的说明，若提到产品名称、数量、交货日期、质量要求等，要仔细记录下来，尤其重要的是，要在接受工作指令时确认所要求的工作的完成期限。

（3）若不清楚指令的内容，待领导说明完毕，必须提出疑点，必要时陈述自己的意见。

2. 接受工作指令之后

对领导安排给你的工作，无论你是否能够理解，完成它是否有难度，是否令自己满意，你都要做到图3-7所示的几点。

图3-7　对于领导安排的工作应做到的

3. 怎样对待隔级领导的指令

下属不应无条件地接受隔级领导的指令。当接到隔级领导的指令后，必须及时与直接领导进行沟通，以反馈信息。只有在对自己的常规工作和直接领导交付的工作没有任何妨碍的情况下，才勉强可以不经直接领导的认可就执行隔级领导的指令。否则，没有直接领导的认同，就不能擅自行动。更不允许自以为是，用隔级领导的指令来反驳直接领导的已有安排。如果一时无法与直接领导联系沟通，则必须向隔级领导明确说明直接领导已有的安排。

二、向领导汇报工作

向领导汇报工作是与领导沟通的重要方式。

1. 汇报工作的时机

作为下属，应该学会勤于向领导汇报工作，尤其是在遇到下列几种情况时。

（1）完成工作时，立即向领导汇报。

（2）工作进行到一定程度，遇到难以解决的问题时应尽快向领导汇报。

（3）预料工作会拖延时，要及时向领导汇报。

2. 汇报工作要遵守的原则

向领导汇报工作，要遵守"两个凡是"的原则，即：凡是异常问题都要汇报；凡是自己无权决定的问题都要汇报,具体如表3-3所示。

表3-3 汇报工作要遵守的原则

序号	原则	具体说明
1	异常问题要汇报	（1）材料的重大缺陷 （2）重大的质量事故 （3）设备的突然故障 （4）进度的严重落后 （5）无法解决的技术问题 （6）技术工人的缺乏 （7）材料不能按时到位
2	自己无权决定的问题要汇报	（1）要辞退自己无权决定的人员 （2）超出自己权力范围的拨款 （3）自己无权决定的生产线停产整顿 （4）不在自己管辖范围内的生产问题 （5）超出自己权限的人员调动 （6）自己只有建议权的所属员工的工资调整 （7）需要报请领导批准的工艺改革

3. 汇报工作的技巧

向领导汇报工作,不管你是采取书面的形式,还是当面口头汇报的形式,都必须掌握表3-4所示的四个技巧。

表3-4 汇报工作的技巧

序号	技巧	具体说明
1	理清思路	你在向领导汇报工作之前,特别是在向领导汇报那些重大问题之前,必须先打腹稿,即先在脑海中把要汇报的问题以提纲的形式,分条目列出,记在心中,在汇报时逐条叙述。当然,你也可以把这些提纲写在小本子上,作为向领导汇报工作时的备忘录
2	突出重点	任何一项工作都有自己的重点,即在任何工作程序中各个环节的轻重缓急是不同的。在具体操作时,应掌握俗语所讲的"事不过三"的原则。即在一般情况下向领导汇报工作时,每次交谈的重要事项、关键问题,最多不要超过三个
3	删繁就简	删繁就简就是要把一切不必要的话语从汇报中删除。在具体操作上,你可以这样进行：假如你要以书面的形式向领导汇报工作,那么,你就应该把内容尽量写得简练一些；假如你是以口头形式向领导汇报工作,则必须注意掌握领导问什么答什么的原则和策略,不做无谓的拓展和借题发挥；比如,领导只问到事情的结果,你就只叙述结果,而不要涉及事情的过程

续表

序号	技巧	具体说明
4	请领导评点	当你向领导汇报完工作之后,要主动恭请领导对自己的工作总结予以评点。对于领导诚恳的评点,即便是逆耳之言,你都应以认真负责的态度去反思

4.汇报工作的注意事项

向领导汇报工作时应注意以下几点。

(1)遵守时间,不可失约。应树立极强的守时观念,不要过早抵达,使领导因没有准备好而难堪,也不要迟到,让领导等候太久。

(2)轻轻敲门,经允许后才能进门。不可大大咧咧,破门而入,即使门开着,也要用适当的方式告诉领导有人来了,以便领导及时调整体态。

(3)汇报时,要注意仪表、姿态,文雅大方,彬彬有礼。

(4)汇报内容要实事求是,吐字清晰,语调、声音大小恰当。有喜报喜,有忧报忧,语言精练,条理清楚,不可"察言观色",投其所好,歪曲或隐瞒事实真相。

(5)汇报结束后,领导如果谈兴犹在,不可有不耐烦的体态语产生,应等到领导表示结束时才可以告辞。

(6)告辞时,要整理好自己的材料、衣着与茶具、座椅,当领导送别时要主动说"谢谢"或"请留步"。

三、说服领导

对于领导的指示要认真执行。那么,怎样说服领导,让领导理解自己的主张,同意自己的看法呢?要点如表3-5所示。

表3-5 说服领导的要点

序号	技巧	具体说明
1	选择恰当的提议时机	刚上班时,领导会因事情多而繁忙,到快下班时,领导又会疲倦心烦,显然,这都不是提议的好时机。那么,什么时候会比较好呢?通常在上午10:00左右,此时领导可能刚刚处理完清晨的工作,有一种如释重负的感觉,同时正在进行本日的工作安排,你适时地以委婉方式提出你的意见,会比较容易引起领导的思考和重视。还有一个较好的时间段是在午休结束后的半个小时里,此时领导经过短暂的休息,可能会有更好的体力和精力,比较容易听取别人的建议
2	资信及数据都极具说服力	对改进工作的建议,如果只凭嘴讲,是没有太大说服力的。但如果事先收集整理好有关数据和资料,做成书面材料,借助数据和资料的力量,就会加强说服力

续表

序号	技巧	具体说明
3	设想领导质疑，事先准备答案	领导对于你的方案提出疑问，如果你事先毫无准备，吞吞吐吐，前言不搭后语，自相矛盾，当然不能说服领导。因此，应事先设想领导会提什么问题，自己该如何回答
4	说话简明扼要，重点突出	在与领导交谈时，一定要简单明了。对于领导最关心的问题要重点突出、言简意赅，而不要东拉西扯，分散领导的注意力
5	面带微笑，充满自信	在面对领导时，要学会用自信的微笑去感染领导、征服领导
6	尊敬领导，留给领导思考时间	在阐述完自己的意见之后要礼貌地告辞，给领导一段思考和决策的时间。即使领导不愿采纳你的建议，你也应该感谢领导的倾听，同时让领导感觉到你工作的积极性和主动性

方法12：下行沟通，鼓励为先

【方法概述】

俗话说：得民心者得天下。要成为一名成功的上司，需学会与下属沟通，使下属尽心竭力地做好工作，成为你的左膀右臂。

【方法详解】

一、与下属沟通的必要性

管理人员做好与下属的沟通工作，可达到以下几个方面的目的。

1. 迅速解决工作中的问题

工作中各种问题总是层出不穷，必须随时准备去面对。团队内面临的问题，必须要由全体成员一起来解决，但是如果信息交流不畅，双方就无法达成共识，也无法解决问题。

2. 促进上下级间的相互理解、信任，不断提高团队的凝聚力

一个团队中的任意两个成员，起初都是从陌生到认识，从不信任、不理解逐步到相互信任、相互理解，只有通过长时间的沟通交流，才能促进相互间的信任和理解，才能提升团队的凝聚力。

3. 分工协作，达成共识，提升效率

团队中每个成员的分工不同，他们之间只有通过沟通协调，才知道每个人的分工及各人要做的工作，这样才可以各自调整自己的工作计划和行为，迅速解决工作中所面临的问题。

二、与下属沟通的原则

1. 控制情绪，理智沟通

情绪管理是管理人员最基本的能力和素质。遇到下属工作粗心、违规操作等问题，管理人员切忌采用呵斥、怒骂、责备等不理智的方法来解决，这样只会激化矛盾，不能真正解决问题。沟通以解决问题为目的，遇事应冷静、理智，心平气和地采用下属能够接受和理解的方式进行沟通。

2. 平等对待下属

日常工作中，要平等对待下属。尊重你的下属，实际上获得的是你的威望不断增加。

管理人员与下属之间只有职位的高低、权力的大小，没有人格上的高低之分。管理人员只有放下"官架子"，尊重下属，平等沟通，才能真正走进下属心里，被下属接纳，否则下属表面上可能会听命于管理人员，实际上却对管理人员避而远之。

某车间各个岗位之间的专业性都很强，各岗位很分散，除了本岗以外，想要弄懂其他岗位的工作内容很难。车间主管王某面对这个令人头痛的问题，经常和班组成员在一起沟通，探讨生产上如何协调、工作上如何配合等。尤其是在车间搞成本核算考核以后，王某经常和班组成员共同研究如何才能节能降耗，如何使班组效益实现最大化。他经常把成本核算结果拿给班组里的每一个成员看，让组员和别的班组去比较，提高他们的成本意识。

由于找到了差距，组员们充分认识到，节能降耗不是一个人能完成的，每个人都会主动地进行生产调整，降低消耗，各个岗位都主动配合，并且紧密地团结在一起，努力争第一，形成了一种凝聚力。有了这种凝聚力，班组的各项工作的开展就更加顺畅了。

3.多激励少批评

每个人的内心都有自己渴望的"评价"，希望别人能了解，并给予赞美。身为领导者，应适时地给予鼓励、慰勉，认可、表扬下属的某些能力。当下属不能愉快接受某项工作任务之时，领导可以说："当然我知道你很忙，抽不开身，但思前想后，觉得你才是最佳人选。这事只有你能解决，我对其他人没有把握。"这样一来便使对方无法拒绝，巧妙地使对方的"不"变成"是"。

这一劝说技巧主要在于对对方某些固有的优点给予适度的褒奖，使对方得到心理上的满足，使其在较为愉快的情绪中接受工作任务。对于下属工作中出现的不足或者是失误，管理人员要特别注意，不要直言训斥，要同你的下属共同分析失误的根本原因，找出改进的方法和措施，并鼓励他一定会做得很好。要知道斥责会使下属产生逆反心理，而且很难平复，会给以后的工作带来隐患。

管理小妙招

积极的激励和消极的斥责，对于下属会是两种不同的影响，其中更重要的是对员工心理上的影响，这是在事后很难弥补的。

4. 换位思考，坦诚沟通

不同的人所处的位置不一样，思考的方式也不一样，因此，管理人员与下属之间的冲突也往往不可避免。管理人员应尽可能地站在下属的立场，设身处地为其着想，这样才能更好地理解下属的想法和做法，才能找到沟通的融合点。

> 杨某是某班组的新晋管理人员，按照年龄来说，在班组里年纪最小，其他组员工龄都比杨某长，因此，杨某刚开始遭到了一些组员的排挤。一日，杨某让一名组员去车间办公室把劳保用品取来，连续说了三遍，他都没有动地方，到第四遍时，杨某已经非常气愤了，以生硬的语气质问道："你是拿还是不拿啊？"虽然后来取来了，但这名员工显然是非常不情愿的。
>
> 通过这件事，杨某的感触很深。杨某想到，如果自己被比自己资历浅的人叫去干活，心里也肯定会不悦，以后和自己的组员沟通要注意语气和方法。在以后的工作中，杨某身体力行，尽可能站在组员的角度去考虑问题，和班组成员经常沟通，遇到事情让大家一起去想解决办法，思想统一后共同实施。从此，该班组的日常工作不用杨某每天强调了，而是组员主动去做。

5. 主动关心，从心沟通

"沟通从心开始"，对于团队管理人员来说，尤其应该注意以诚心、真心来处理与下属的关系。团队凝聚力建设和士气管理可以说是团队管理的重点，只有把团队成员团结起来，拧成一股绳，才能完成艰巨的任务，克服各种困难。要处理好自己与团队成员之间的关系，首先要尊重、信任、理解他们，关心他们的工作及生活，力所能及地帮助他们解决遇到的困难。

> 某班有一位老师傅在工作中不小心把脚崴伤了，在家休了一段时间病假，管理人员利用周末时间登门看望。老师傅深受感动，他上班后不仅尽自己的最大努力去工作，还全力支持这位管理人员的工作。

所以，学会用细微、真诚的工作感化班组成员，更有利于班组工作的开展。

三、在沟通中下达任务

下达任务也是一种沟通，只是下达任务带有上下级的职权关系，它隐含着强制性，会让下属有压抑的感觉。如果上司经常用直接命令的方式要求下属做好这个，完成那个，也许看起来非常有效率，但是工作品质一定无法提升。

因此，在下达任务的过程中，我们要打开沟通的渠道和大门，用正确的沟通方式使下属心情愉快地接受任务，并全力以赴完成任务。那么，如何给下属下达任务呢？具体方法如图3-8所示。

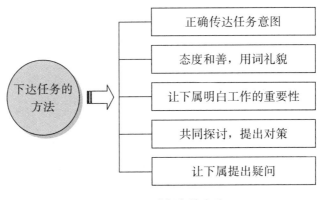

图3-8 下达任务的方法

1.正确传达任务意图

上司在下达任务时，要正确地传达任务，否则下属将无法准确了解任务目标。你只要掌握5W2H法的重点，就能正确地下达任务。

比如，"小李，请将这份年度培训计划书打印1份，于上午10时前送到张副总办公室交给张副总，请留意打印的质量，张副总要带给总经理看。"

由此分析：who（执行者）——小李；what（做什么）——打印文件；when（时间）——上午10时前；where（地点）——张副总办公室；why（为什么）——要给总经理看；how many（工作量）——1份；how（怎么做）——注意打印质量。

2.态度和善，用词礼貌

作为一名上司，你在与下属沟通的时候，可能会忘记使用一些礼貌用语，如"小张，进来一下""小李，把文件复印一下"。这样的用语会让下属有一种被呼来唤去的感觉，缺少对他们起码的尊重。因此，为了改善和下属的关系，使他们感觉自己受到尊重，你不妨使用一些礼貌用语，例如"小张，请你进来一下""小李，麻烦你把文件复印一下"。

> 管理小妙招
>
> 要记住，一位受人尊敬的上司，首先是一位懂得尊重下属的上司。

3.让下属明白工作的重要性

下达任务之后，不要忘记告诉下属这件工作的重要性，如："小刘，这次市场调研很重要，它直接关系到我们公司产品投放的战略和战术，关系到新产品上市的成败。希望你能交上一份漂亮的答卷！祝你成功！"

通过告诉下属这份工作的重要性，来激发下属的成就感，让他觉得"我的上司很信任我，把这样重要的工作交给了我，我一定要努力做好才不负上司的期望"。

4.共同探讨，提出对策

即使命令已下达，下属明白了自己的工作重点，我们也已经相应地进行了授权，仍不可做甩手掌柜，不再过问事情的进展。尤其当下属遇到问题和困难，希望我们协助解决时，更不可以说"不是已经交给你去办了吗"这样的话。

我们应该意识到，他之所以是你的下属，就是因为他的阅历、经验可能不如你，这时候我们应该和下属一起共同分析问题，探讨状况，尽快拿出一个解决方案。

比如，"我们都了解了目前的状况是这样的，我们来讨论一下该怎么做。"

5.让下属提出疑问

最后，可以询问下属还有什么问题及意见，如："小王，关于这个投标方案，你还有什么意见和建议吗？"如果采纳了下属的建议，千万别忘了称赞他，如："关于这点，你的建议很好，就照你的建议去做。"

四、适当赞美下属

赞美下属作为一种沟通技巧，也不是随意说几句恭维话就可以奏效的，事实上，赞美下属也有一些技巧及注意点，如图3-9所示。

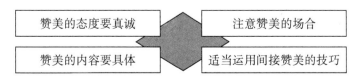

图3-9 赞美下属的技巧

1. 赞美的态度要真诚

每个人都珍视真心诚意的态度，它在人际沟通中极为重要。所以，在赞美下属时，作为管理者，你必须确认你赞美的人的确有此优点，并且要有充分的理由去赞美他。

2. 赞美的内容要具体

赞美要依据具体的事实进行，除了"你很棒！""你表现得很好！""你不错！"这些常用的话之外，最好要加上一些关于具体事实的评价。

比如："你讲到的怎样提高××工位质量的建议，是一个能解决目前问题的好方法，谢谢你为公司提出这么有用的办法。""你这次处理质量部投诉的态度非常好，自始至终婉转、诚恳，并针对问题提出了解决方案，你的做法正是我们期望的。"

3. 注意赞美的场合

在众人面前赞扬下属是一个赞美下属的好方式，但是采用这种方式时要特别慎重，因为被赞美的人若得不到大家客观的认同，其他下属难免会有不满的情绪。

4. 适当运用间接赞美的技巧

所谓间接赞美，就是借第三者的话来赞美对方，这往往比直接赞美对方的效果要好。作为一名管理者，不要吝惜对下属的赞美，尤其是在面对你的领导或者被赞美者的同事时，恰如其分地夸奖下属，他一旦间接地知道了你的赞美，就会对你心存感激，在感情上也会与你更亲近，你们的沟通也就会更加顺畅。

> **管理小妙招**
>
> 作为领导，一般的夸奖似乎很像工作总结，先表扬，然后是"但是""当然"一类的转折词。这样很可能使原有的夸奖失去了作用。夸奖性谈话可在事后寻找合适的机会提出改善意见，效果可能更佳。

五、沟通中的批评技巧

批评对于个人来说，是帮助他人改正缺点、自我进步的有效方法；对于管理者来说，这是改善管理的重要手段。有人说赞美如阳光，批评如雨露，两者缺一不可。那么作为管理者，该怎么批评才会让下属心悦诚服呢？批评下属的技巧如图3-10所示。

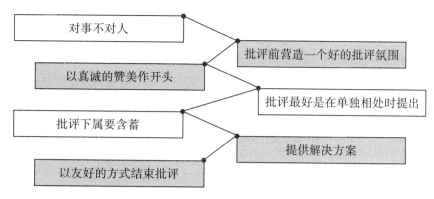

图 3-10　批评下属的技巧

1. 对事不对人

团队里的一个骨干员工犯了错误，如果批评他，他可能接受不了要辞职；如果不批评他，他还会犯同样的错误。这样两难的问题该如何解决？

一般来说，这种情况下很多管理者会选择做"老好人"——不批评，因为他们怕员工误会，甚至一气之下离开公司，结果出错的员工不知道自己错在何处，依然我行我素，其他员工慢慢会认为，只要对公司有功，就可以重复犯错。这样一来，其他员工内心的抱怨会越来越多，会给公司管理造成很坏的影响。

因此，员工犯了错误，管理者一定要批评，但批评时要做到"对事不对人"，把事情和人情分开：人是人，事是事，下属哪件事做错了，就批评哪件事。不能因为下属某件事做错了，就认为这个人如何不好，以一件事来评判整个人，把下属说得一无是处。

比如，用"从来、总是、根本、不可救药"等词来否定下属，这是不可取的，应当避免。

2. 批评前营造一个好的批评氛围

批评下属的目的是帮助下属认识错误、改正错误，积极把工作做好，而不是要制服下属，更不是为了拿下属出气或显示自己的威风，所以批评下属时态度一定要诚恳，要站在对方的立场上，以关怀的态度来对待他，只有这样才不会造成紧张的气氛，下属才不会产生逆反心理。比如可以先讲点儿自己的缺点和错处，这样对方就不会有戒备和防卫心理。同时这样能给下属一种心理暗示——你和他一样是犯过错误的人，这就会激起他与你的同类意识，就不会有损害面子的顾虑了。

比如，"小张，几年前，我也是在你这个职位，我曾经也犯过同样的错误，人不是天生就有判断能力的，经历对于每个人来讲都是宝贵的财富，这次的错误就全当经验教训了，但如果这件事情当时你这样做，结果就会好很多……"

管理小妙招

作为管理者，开始先谦逊地承认自己也犯过同样的错误，在此基础上你再去批评对方，他将更容易接受你的批评。

3. 以真诚的赞美作开头

俗话说"尺有所短，寸有所长"。一个人犯了错误，并不等于他一无是处。不管你要批评下属什么，都必须先找出下属的长处来赞美，批评前和批评后都要这么做，这就是我们常说的"三明治策略"，夹在大赞美中的小批评。

像上一个例子，在开始时可以加上"小张，你来公司一年零五个月了吧，你的表现一直很优秀，去年年终比赛还拿了全公司第一名，你可是咱们公司难得的人才啊……"然后再接"几年前，我也是在你这个职位，我曾经也犯过同样的错误，人不是天生就有判断能力的，经历对于每个人来讲都是宝贵的财富，这次的错误就全当经验教训了，但如果这件事情当时你这样做，结果就会好很多……"

因此，批评前必须略微地给予赞美。据心理学研究表明，被批评的人最主要的心理障碍是担心批评会伤害自己的面子，损害自己的利益，因此在批评之前帮他打消这个顾虑，甚至让下属觉得你认为他功大于过，那么他就会主动放弃心理上的抵抗，对你的批评也就更易于接受。事实证明，这种批评方法是非常有效的。

4. 批评最好是在单独相处时提出

管理人员最好是在单独相处时批评下属，这样才能更好地达到批评的目的。

美国玫琳凯化妆品公司董事长玫琳凯在批评人时，绝不坐在老板桌后面与对方谈话，她认为办公桌是一个有形的障碍，办公桌代表权威，给人以居高临下之感，不利于交流和沟通，她总是邀对方坐在沙发上，在比较轻松的环境中进行讨论。

玫琳凯要批评一个人时，总是单独与被批评者面谈，而绝不在第三者面前指责。她认为，在第三者面前责备某个人，不仅打击士气，同时也显示了批评者的极端冷酷。她说，一个管理人员在第三者面前责备某个员工的行为，是绝对不可原谅的，尤其是不能当着他所熟悉的人的面批评。比如，你在客人面前批评你的下属，不论你说得是否在理，下属都会感到在客人面前大大地丢了面子，下属会认为你是故意让他出丑、使他难堪，这会引起下属公开对抗。许多争吵对骂往往都是由于批评的场合不对而引起的。

5. 批评下属要含蓄

我们说忠言之所以逆耳，主要是因为方式不对。

  战国时期的齐景公，喜好狩猎，酷爱饲养能够捕捉野兔的老鹰。一天，烛邹不小心让一只老鹰飞跑了，齐景公大发雷霆，命令将烛邹推出去斩首。晏子获悉此事，急忙上殿奏禀齐景公："烛邹有三大罪状，哪能这么轻易就杀了？待我公布完他的罪状后再处死吧！"齐景公点头同意。晏子指着烛邹说道："烛邹，你为大王养鹰，却让鹰飞了，这是你的第一条罪状；你使得大王为了鸟的缘故而杀人，这是你的第二条罪状；把你杀了会让天下人认为大王重鸟轻人，这是你的第三条罪状。好啦！大王，请处死他吧。"齐景公满脸通红，半晌才说："不杀他了，我明白你的话了。"晏子含蓄委婉的批评方式既没有使君王难堪，又替烛邹说了情，这种委婉含蓄的方式值得我们借鉴。

6. 提供解决方案

我们批评下属，并不是批评下属本人，而是批评下属的错误行为。所以，为了让批评最终达到理想的效果，不仅要让下属有认错的态度，还要协助下属拿出改进的方案，这样才能让批评达到想要的效果。

例如，某管理者对下属说："小张，你来公司一年零五个月了吧，你的表现一直很优秀，在去年年终比赛中还拿了全公司第一名，你可是咱们公司难得的人才啊……几年前，我也是在你这个职位，我曾经也犯过同样的错误，人不是天生就有判断能力的，经历对于每个人来讲都是宝贵的财富，这次的错误就全当经验教训了。不过，如果这件事情当时你这样做，你把机器维修好后，先清理维修现场，把不相关的工具归位，放到工具箱里，就不会使扳手滑落到印刷机上，造成滚筒划痕了。"

这样的沟通，不但告知下属错在什么地方，而且告诉他具体的解决方案，这样下属就更容易接受批评。

7. 以友好的方式结束批评

正面地批评下属，下属或多或少会有一定的压力。如果一次批评弄得不欢而散，就会增加下属的精神负担，使其产生消极情绪，为以后的工作或沟通带来障碍。因此，每次的批评都应尽量在友好的气氛中结束，这样才能彻底解决问题。

在批评结束时，可以对下属表示鼓励，提出充满感情的希望，这样会帮助下属打消顾虑，增强改正错误、做好工作的信心。

比如，结束时可以这样说"我相信你一定会做得更好"，并报以微笑，而不是以"今后不许再犯，再犯了……"作为警告。

> **管理小妙招**
>
> 批评性谈话，在结束前把话往回拉一拉，鼓励一番，放松一下，这是必要的，这种具有感情色彩的评价，往往能温热被批评者的心，使他们真心实意地接受教训。

方法13：平级沟通，协调为上

【方法概述】

平级沟通指的是流动于组织机构中具有相对等同职权地位的人之间的沟通。由于每一个组织都是一个有机的运作体，每一个部门都会与其他部门有交流和协作，在完成工作的过程中，会涉及跨部门的事务，因此作为管理人员，要学会如何与平级沟通。

【方法详解】

一、积极配合

所谓配合，就是同级间的协同合作。协同论告诉我们，协同导致有序，不协同导致无序。

同一企业内的同级管理人员之间，分管工作虽然各有其相对独立性，但大家都必须为企业的总目标服务，并且在实现该目标的过程中，要进行合作。因此，在管理活动中，同级管理人员之间应该积极配合、同舟共济。

二、不要插手

分工和职权范围一旦确定，每一个管理人员就应该独立自主地履行自己的职权，只负责管好自己分内的事务，这是对其他管理人员充分信任和尊重的表现。无论是上级还是同级，都不应插手别的管理人员的工作。

当然，不插手同级的工作并不是对同级的工作不闻不问，在同级遇到困难时，袖手旁观看热闹，这种做法也不可取。

> **管理小妙招**
>
> 一个管理人员在完成自己的本职工作后，在有能力和有必要帮助他人工作时，理当帮助他人，只是在帮助时要掌握分寸和尺度，把握好时机和方法，做到"过问不揽权，支持不包办"。

三、帮助他人

"一个篱笆三个桩，一个好汉三个帮"，谁都会遇到自己克服不了的困难，谁都需要得到别人的帮助。同级相处也是如此，应当互相帮助、互相关心、携手共进。

当然，帮助同级也不能勉强，要在自己的能力范围内去帮助他。应在保证将自己的工作做好的情况下，尽可能多地去协助同级将工作做好。

四、甘当配角

做任何一项工作，都要有一个主要负责人，这样可极大地调动他的工作积极性，发挥他的主观能动性，使他将工作干得更好，极大地提高其工作效率。一旦工作出现纰漏，上级也可以找到负责人，及时纠正错误。如果有几个主要负责人，则会出现相互扯皮的现象，从而大大降低工作效率。

因此，如果上级让你协助你的同事工作，你千万不要气馁或有什么不满的想法。也许，同级比你更适合担当大任，这也是出于对工作的通盘考虑。不要因为做了同级的助手而感到难为情或者心怀不满，你要与他紧密配合，尽心尽力将工作做得更为圆满。当需要你为同级做助手时，那就争取做个好助手吧。

五、要尊重对方

尊重是人的一大需要。同级之间相互尊重，对于协调彼此的关系是相当重要的。

1. 维护面子

在与同级相处时，"面子"问题是首先考虑的重要因素之一。为了维系同级间的感情，不要做有损同级"面子"的事，不要说有损同级"面子"的话，并且还要想办法给同级"面子"，让他感受到来自同级间的"人情"。当然，不要为了同级的"面子"违法乱纪、置原则于不顾，这样的做法是不可取的。

2. 隐藏优越感

在交往中，人与人之间理应是平等和互惠的，这就是我们所说的"投之以桃，报之以李"。法国哲学家罗西法古说："如果你要得到仇人，就表现得比你的仇人优越吧；如果你要得到朋友，就要让你的朋友表现得比你优越。"让朋友表现得比自己优越，是一种策略；不要表现得比朋友优越，则是一种态度、一种涵养、一种平等待人的处世方法。这句话在处理同级管理人员之间的关系时尤为适用。

3. 遇事打招呼

与同级管理人员相处，互通声气，彼此敞开心扉是很重要的，这样也可以减少误会、取得同级的信任。

遇事先打个招呼，一方面体现出自己对同级管理人员的尊重；另一方面，你先给他打了招呼，就可以让他对某件事情、某个决定、某项决策先有个了解，那么他就会在可能的情况下帮你出谋划策，解决问题。如果你们是同一部门的同级管理人员，那么这样做就更加有必要了。

4. 换位思考

有时，同级可能完全错了，但由于他还没有这样的意识，所以并不认错。此时，先不要指责他，而要试着站在他的立场上去了解他的想法。因为对方之所以坚持自己的立场，一定有他的原因，即使这个原因在别人看来是错误的。

试着设身处地从别人的角度来重新审视事物，对自己说："如果我处在他的立场上，我会有什么看法、有什么态度呢？"换位思考会帮助你节省不少时间并减少相应的苦恼。

方法14：与己沟通，调整为本

【方法概述】

现代社会快速的生活节奏让很多人每天都奔忙于和客户沟通、和上司下属沟通，闲暇时间则忙着陪伴家人，可能鲜有和自我沟通的意识。"知人者智，自知者明。胜人者有力，自胜者强"，尘世间万事万物相辅相成，只有和自我沟通顺畅，才能真正做到人生的豁达，也才能真正和他人和谐相处。

【方法详解】

一、明确自我定位与认知

自我定位与认知是自我沟通的重要部分。每个个体都是独一无二、不可重复的存在。个体的生活质量和生活内容都是彼此迥异的，都有着区别于他人的潜力和特质。无论你的出身如何、相貌几分、学历高低，只要你能正确地认识自我、了解自我、相信自我，找准坐标系中的位置，并且坚定信念，勇敢地走下去，每个人都可以成功。

认识自我，了解自我是非常不易的事，所以有"做事难、做人难、了解自己就更难"的说法。心理学家们就曾将对个人的了解比作橱窗，为便于理解，我们把橱窗放在直角坐标系中加以分析。坐标的横轴正向表示别人知道，坐标横轴负向表示别人不知道；纵轴正向表示自己知道，负向表示自己不知道，具体如图3-11所示。

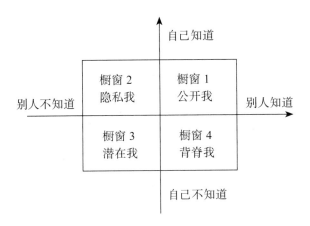

图 3-11 个人了解的四个橱窗

通过四个橱窗可知,每个人都须加强了解的是橱窗 3 和橱窗 4。

1. 橱窗 3

橱窗 3 是"潜在我"。著名心理学家奥托指出,一个人一生所发挥出来的能力,只占他全部能力的 4%,也就是说一个人 96% 的能力还未开发。认识、了解"潜在我",是自我认知的重点之一,把个人潜能开发出来,也是职场新人的头等大事。

2. 橱窗 4

橱窗 4 是"背脊我"。如果自己诚恳地、真心实意地征询他人的意见和看法,就不难了解"背脊我"。我们可以采取同自己的家人、朋友、同事等交流的方式,可以借助录音、录像设备,尽量开诚布公。要做到这一点,需要开阔的胸怀,确实能够正确对待,有则改之,无则加勉,否则,别人是不会说实话的。

二、学会自我情绪察觉

每个人都有情绪,学会自我情绪察觉,是自我沟通的一个重要方法。因为要做好自我沟通,首先要控制自己的情绪。

情绪是一种复杂的心理现象,由生理唤起、认知解释、主观感觉和行为表达这四部分组成。常见的情绪类型如图 3-12 所示。

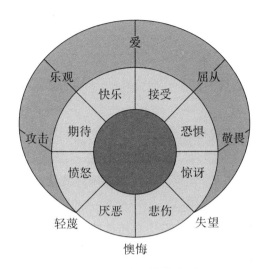

图 3-12 常见情绪类型

情绪对生理的影响表现为：微血管收缩，手脚冰冷；血糖升高；呼吸急促；心跳加快；肠胃蠕动减慢，消化不良；等等。

长期持有负面情绪（焦虑、悲伤、悲观、紧张、敌意、严重猜疑）的人，患气喘、关节炎、头痛、十二指肠溃疡、心脏病等疾病的概率，比其他人高出许多。压力下释放出的激素会影响免疫力（抑制免疫细胞的功能）。

可通过以下内容来检查自己的情绪。

（1）是否过分渲染消极一面，不求积极一面。

（2）是否总以受苦受难者自居。

（3）是否对自己期望过高。

（4）有无吝惜赞扬。

三、学会调节不良情绪

我们要做好自我沟通，一定要学会调节自己的不良情绪，让自己每天保持积极健康的心态。传统上，我们否定某些情绪，则称它们为负面情绪，因为它们使做事的能力降低，使别人看不起自己，使自己觉得自己不成熟，甚至引起别人讨厌自己，例如焦虑、担心、愤怒、悲伤等。

事实上，情绪本身并没有绝对的好坏之分，因为负面情绪也能使我们有所收获，只要我们明白它们的正面意义。每种负面情绪，细心研究下来，都可以给人推动力，推动当事人去做出处理行动。这份推动力，可以是指引一个方向，也可以是给予一份力量，有些负面情绪更能两者兼备。因此，我们需要学会调节各种不良情绪，尽量消除不良情绪。

1. 忧虑情绪调适

忧虑消除的方法有以下几种。

（1）对自己说："忧虑只不过是一种很坏的心理习惯，我相信自己可以改变任何坏习惯。"

（2）练习从正面的角度看待那些不愉快的事。要讲正面的话，比如不要说"这事我永远也干不了"，相反要宣告"我通过努力就一定能做得到"。

（3）不要加入忧虑的谈话，在你一切的谈话中注入信心。

（4）每晚临睡前练习倒空心思。

（5）从现在开始，你的内心要充满信心和希望，多想想快乐、荣耀和光辉的时光。

（6）与充满希望的人建立友谊。

（7）每天早晨起床后首先对自己大声说三遍"我是最棒的"，然后带着轻松、愉快的心情去上班或学习。

2. 抑郁情绪调适

美国学者卡托尔认为，不同的人会进入不同的抑郁状态，但是他只要遵照以下14项办法行事，抑郁的症状便会很快消失。

（1）必须遵守生活秩序，与人约会要准时到达，饮食、休闲要按部就班，从稳定规律的生活中领会自身的情趣。

（2）留意自己的外观，自己身体要保持清洁卫生，不得身穿邋遢的衣服，房间院落也要随时打扫干净。

（3）即使在抑郁状态下，也决不放弃自己的学习和工作。

（4）不得强压怒气，对人对事要宽宏大度。

（5）主动吸收新知识，"活到老学到老"。

（6）建立挑战意识，学会主动接受矛盾，并相信自己能够成功。

（7）即使是小事，也要采取合乎情理的行动；即使你心情烦闷，仍要特别注意自己的言行，使其合乎生活情理。

（8）对待他人的态度要因人而异。存在抑郁症状的人，往往对外界每个人的反应、态度几乎相同。

（9）拓宽自己的情趣范围。

（10）不要将自己的生活与他人的生活比较。如果你时常把自己的生活与他人作比较，表示你可能已经有了潜在的抑郁倾向，应尽快调整。

（11）最好将日常生活中美好的事记录下来。

（12）不要掩饰自己的失败。

（13）必须尝试以前没有做过的事，要积极地开辟新的生活园地，使生活更充实。

（14）与精力旺盛又充满希望的人交往。

3. 压抑情绪调适

（1）正确面对社会现实。看待社会不能过于理想化，要看到社会成员之间实际上存在的差距。人与人不能过分攀比，不能用自己的标准去衡量社会的公平性，而应正视社会，承认差别，努力去缩小与别人的差距。

（2）正确看待自己。遇到挫折，应先从自己的主观方面寻找原因。比如：用自己的勤奋特长去弥补不足之处；相信"天生我材必有用"；要停止自我比较，不要担心不如别人，要自己接受自己，确立一种自强、自信、自立的心态。

（3）多读圣贤哲理与名人传记。圣贤、名人之所以成功，就是因为他们能从挫折中走出来。人的一生会遇到许多挫折，如何战胜挫折，到达成功的彼岸，圣贤们的思想与足迹能予以我们许多启示。孔子讲学"三虚三盈"，但他不气馁，不断努力，终于培养出"三千弟子"。

（4）积极做富有建设性的工作。压抑会产生厌倦、懒惰的行为。列出一个工作、学习、生活日程表，包括晨练、读书、写作、交友、上街、娱乐等。不论大小事情都列入其中，并认真、专心地去做。

（5）主动帮助别人。乐于助人，使人精神健康。如果心理压抑者做志愿者的工作，会发现只要有同情心，能够帮助别人，对社会也是有价值的。

（6）快乐生活。多参加社交活动，如朋友联欢会、聚餐或看电影等，让微笑常挂在你脸上。当感到压抑时，不要拖着双脚垂头丧气地走路，要像风一样疾走；不要躬背坐着，要挺直身子；不要愁眉苦脸，要露出笑脸。这样做本身就能够让人感觉良好。

（7）坚持锻炼身体。通过体育锻炼，出一身汗，精神就轻松多了。呼吸性的锻炼，例如散步、慢跑、游泳和骑车等，可使人信心倍增，精力充沛。因为这些行动让人身心彻底放松，从而缓解紧张和焦虑情绪。

（8）回归自然。精神压抑时，可漫步于田间地头，跋涉于山河之间，看春华秋实，听蝉鸣鸟啼，置身于大自然的怀抱。因此产生许多联想与灵感，悟出人生哲理，以调适自己的不适心态。

4. 自卑情绪的消除

有自卑感的人往往不敢正视自己的自卑，从而也就没有战胜自卑的意识。西方有句谚语"用剑之奥秘，在于眼"，意思是正视它，才能运用自如。

自信是消除自卑的最好方法，因为自信能使人不断地发现自己各方面的优点，从而满怀信心地去拼搏，使自己获得更多的成功。每个人都有自己的优势和劣势，要全面、正确地评价自己。自卑情绪在某些时候也可以转化为巨大的动力。

管理小妙招

自卑者往往都会有孤独的感觉，如果主动地参加一些业余活动，可以开阔视野，对逐步克服自卑情绪是有好处的。

5. 嫉妒情绪的调适

既然嫉妒心理是一种损人损己的病态心理，严重影响自己的身心健康，那么应该如何克服呢？

（1）认清嫉妒的危害。嫉妒的危害一是打击了别人，二是伤害了自己、贻误自己。遭到别人嫉妒的人自然是痛苦的，而嫉妒别人的人一方面影响了自己的身心健康，另一方面由于整日沉溺于对别人的嫉妒之中，没有充沛的精力去思考如何提高自己，恰恰又继续延误了自己的前途，一举多害。认清这些是走出嫉妒误区的第一步。

（2）克服自私心理。嫉妒是个人心理结构中"我"的位置过于膨胀的具体表现。总怕别人比自己强，对自己不利。因此，要根除嫉妒心理，首先应根除这种心态的"营养基"——自私。只有去除私心杂念，拓宽自己的心胸，才能正确地看待别人，悦纳自己，即人们常说的"心底无私天地宽"。

（3）正确认知。要客观、公正地评价别人，也要客观、公正地评价自己。别人取得了成绩并不等于自己的失败。人贵有自知之明。强烈的进取心是人们成功的巨大动力，但冠军只有一个，尺有所短，寸有所长，一个人不可能事事都走在人前，认清自己才能努力前行。

管理小妙招

一个人只要客观地认识自己的优势和劣势，现实地衡量自己的才能，为自己找到一个恰当的位置，就可以避免嫉妒心理的产生。

（4）将心比心。"将心比心"是人们常说的一句俗语，在心理学上叫"感情移入"。当嫉妒之火燃烧时不妨设身处地地为对方着想，扪心自问：假如我是对方又该如何呢？运用心理移位法，可以让自己体验对方的情感，有利于理解别人，阻止不良的心理状态的蔓延，这是避免嫉妒心理行之有效的办法之一。

（5）提高自己。嫉妒的起因就是看不惯别人比自己强。如果能集中精力，不断地学习、探索，使自己的知识、技能、身心素质不断得到提高，那么，也可以减少嫉妒的诱因。而且，丰富多彩的业余生活将自己的闲暇时间填得满满的，自然也就减少了"无事生非"的机会，这是克服嫉妒心理最根本的方法之一。

（6）完善个性。凡嫉妒心理极强的人，往往是心胸狭窄、多疑多虑、自卑、内向、心理失衡、心理素质不良的人。努力完善自己的个性，提高自己的心理素质，以健康的心态面对生活。

（7）树立正确的竞争意识。公平、合理的竞争是向上的动力，竞争对手之间也可以互相取之所长，共同进步。

6. 挫折情绪的调适

（1）宣泄。当有烦恼，自己解决不了时，要向亲朋好友倾诉出来，哪怕是痛痛快快地大哭一场。把不良的情绪宣泄出来，释放出压抑情绪，就会身心平衡，有益于身心健康。切记不要采用不健康的宣泄或应对方式，如大量酗酒、打打闹闹、发牢骚、说怪话等，这些都无济于解决自己心理上的苦闷，反而会加剧痛苦。

（2）改变认知。当面对困境而沮丧时，不妨换个角度来认识问题，认知正确了，情绪就会相应发生变化。

比如，面临高考的优秀学生在模拟考试中语文只得了70分，心里非常焦虑不安，认为一切都完了，考不上大学了。但是换一个角度来讲，模拟考试的失败使学生发现了知识漏洞，提示其在这方面应该加强学习和理解，对高考准备是一次极好的检验。

（3）移情转移。当一个人遇到困难挫折时，如与同事关系紧张、任务过重等，一时又无法解决这些问题，就应顺其自然接受所面临的困境和问题，同时把注意力转移到其他方面，如去散心、打球、聊天、娱乐、旅游等，以遗忘烦恼之事，使紧张的情绪松弛下来。

（4）运动。运动是最好的放松方式之一，因为它可以帮助你释放紧张和压力，缓解疲劳，减轻焦虑。运动不但能增强体质，而且能锻炼人的意志品质，提高对困难挫折的应对能力。

四、学会自我暗示

暗示是采取含蓄的方式，如通过语言、行动等刺激手段对他人或自己的心理、行为产生影响，使他人或自己接受某一观念，或按某一方式进行活动。暗示包括积极暗示和消极暗示两种。在这里重点分析积极的自我暗示。

1. 积极自我暗示的原则

积极的自我暗示须遵循图3-13所示的四条原则。

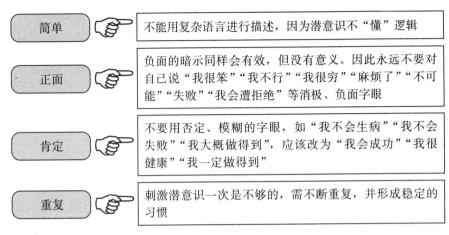

图 3-13　积极自我暗示的原则

2. 积极的视觉暗示

视觉化对潜意识的暗示力量，远胜于其他的暗示方式。因此，凡是重要的信念，都请视觉化，一条一条写下来贴在显眼处，凡是目标，也都请视觉化。写下来很好，变成图像或立体的更好，然后将它贴在或放在你每天都能数次看得见的地方。善用潜意识的力量，取得成功会比你想象得更快、更轻松。

3. 积极的自我谈话

可以运用"积极的自我谈话"，这能很好地帮助自己将显意识及潜意识集中到积极的意识上。

自我激励：我是最棒的，我一定行。

自我期望：我肯定能考上理想的大学。

自我要求：我一定要努力，加油干。

自我表扬：我真是好样的。

自我欣赏：我真行。

自我关心：我要注意身体。

自我奖励：祝贺你，这份礼物送给你啦！

自我批评：不该这样。

自我惩罚：这件事是我不对，去做好事，补偿一下。

自我提醒：成功者是不会轻言放弃的。

自我开导：想开点！何必计较这些小事。

自我安慰：没有失败，只是暂时还没有成功而已。

自我总结：做得对，继续干。

自我命令：立即行动！

五、学会自我激励

自我激励指的是自己具有一股内在的动力,向所期盼的目标前进的心理活动过程。在任何时候,激励过程都决定着你在许多选项中会做出怎样的选择,虽然选择并不是总受意识控制。下面介绍几种常见的自我激励的方法,如表3-6所示。

表3-6 自我激励的方法

序号	方法	具体说明
1	树立愿景	树立愿景是迈向自我激励的第一步,要有一个你每天早晨醒来为之奋斗的目标,它应是你人生的目标。愿景必须即刻着手建立,而不要往后拖。它随时可以按自己的想法做些改变,但人不能没有愿景
2	离开舒适区	不断寻求挑战,激励自己。提防自己,不要躺在舒适区。舒适区只是避风港,不是安乐窝。它只是你心中准备迎接下次挑战之前刻意放松自己和恢复元气的地方
3	把握好情绪	人开心的时候,体内就会发生奇妙的变化,从而获得新的动力和力量。但是,不要总想在自身之外寻开心,令你开心的事不在别处,就在你身上。因此,要把握好自身的情绪高涨期以不断激励自己
4	调高目标	许多人惊奇地发现,他们之所以达不到自己孜孜以求的目标,是因为他们的主要目标太小而且模糊不清,使自己失去动力。如果你的主要目标不能激发你的想象力,目标的实现就会遥遥无期。因此,真正能激励你奋发向上的是确立一个既宏伟又具体的远大目标
5	加强紧迫感	自以为长命百岁无益于你享受人生。然而,大多数人对此视而不见,假装自己的生命会绵延不绝。事实上,如果能逼真地想象我们的弥留之际,往往会产生一种再生的感觉
6	选择好的朋友	对于那些不支持你目标的"朋友",要敬而远之。你所交往的人会改变你的生活。结交那些希望你快乐和成功的人,你就在追求快乐和成功的路上迈出了最重要的一步
7	迎接恐惧	战胜恐惧后迎来的往往是些有益的东西。哪怕克服的是小小的恐惧,也会增强你对创造自己生活能力的信心。如果一味想避开恐惧,它们反而会对我们穷追不舍。此时,最可怕的莫过于双眼一闭,假装它们不存在
8	做好调整计划	实现目标的道路绝不是坦途。它总是呈现出一条波浪线,有起也有落。但你可以安排自己的休整点,即使你现在感觉不错,也要做好调整计划,这才是明智之举。在自己的事业高峰期,要给自己安排休整点,即使是离开自己挚爱的工作也要如此。只有这样,在你重新投入工作时才能更富有激情
9	直面困难	如果把困难看作对自己的诅咒,就很难在生活中找到动力。如果学会把握困难带来的机遇,你自然会动力陡生
10	加强演练	先"排演"一场比你要面对的问题更复杂的战斗。如果手上有棘手活而自己又犹豫不决,不妨挑件更难的事先做,以此挑战自己。这样,你也许能自己开辟一条成功之路

续表

序号	方法	具体说明
11	立足现在	锻炼自己即刻行动的能力。充分利用对当下的认知，不要沉浸在过去，也不要沉溺于未来，要着眼于今天。要学会脚踏实地，注重眼前的行动，要把整个生命凝聚在此时此刻
12	敢于竞争	竞争给了我们宝贵的经验。无论你多么出色，总会人外有人，所以你需要学会谦虚。努力胜过别人，能使自己更深刻地认识自己；努力胜过别人，便在生活中加入了竞争"游戏"。不管在哪里，都要参与竞争，而且总要满怀快乐的心情，要明白最终超越别人远没有超越自己更重要
13	自省	大多数人会通过别人对自己的印象和看法来看自己。当然，对任何一个人来说，知道别人对你的评价很高，自然会非常高兴。但你也只能把这些溢美之词当作自己生活中的点缀，人生的棋局该由自己来把握。不要从别人身上找寻自己，应该经常自省并激励自我
14	走向危机	危机能激发我们竭尽全力。当然，我们不必坐等危机或悲剧的到来，从内心挑战自我是我们生命力量的源泉
15	精工细笔	如果把自己当作一幅正在描绘的杰作，你就会乐于从细微处做改变。一件小事做得与众不同，也会令你兴奋不已。总之，无论你有多么小的变化，点滴对于你来说都很重要
16	敢于犯错	有时候我们不做一件事，是因为我们没有把握做好。我们感到自己状态不佳或精力不足时，往往会把必须做的事放在一边，或静等灵感的降临。你可不要这样。如果有些事你知道需要做却又提不起劲，尽管去做，不要怕犯错
17	不要害怕拒绝	不要消极接受别人的拒绝，而要积极面对。当你的要求落空时，把这种拒绝当作一个问题："自己能不能有创意呢？"不要听见"不"字就打退堂鼓，应该让这种拒绝激发你更大的创造力
18	尽量放松	接受挑战后，要尽量放松。放松时，你可感受到自己的内在动力在不断增加。你很快会知道自己有何收获。自己能做的事，不必祈求上天赐予你勇气，放松可以产生迎接挑战的勇气
19	塑造自我	塑造自我的关键是甘做小事，但必须即刻就做。塑造自我不能一蹴而就，而是一个循序渐进的过程。这儿做一点，那儿改一下，将使你的一天（也就是你的一生）有滋有味

六、自我压力调适

压力是不可避免的，因此学会自我压力调适就显得尤为重要。具体方法如图 3-14 所示。

图 3-14 自我压力调适的方法

1.改变对压力的认识

改变对压力的认识,可以有效缓解压力,形成积极的思维和行动模式。首先请回答一个问题:受到老板批评后,你会觉得难过吗?

如果你是不假思索地、习惯性地给予肯定回答,说明或许你无法有效管理压力的关键就在于此。压力的来源其实并不是外界,而是你自己内心对所处环境或者压力事件的评价。

许多事情,只需要转换一个角度,从另一个角度看问题,那么相同的事情就有可能产生两种完全不同的结果。

压力的最终形成不在于外界,而在于个人的主观评价。因此,要做好压力调适,首先就要改变对压力的认识。

2.改变对生活的态度

其实,有时候压力是自己给自己的,只要我们学会用不同的视角来看待问题,许多问题就可以迎刃而解,就不是问题了。

就如同我们每天在工作,每个人的目的都不一样,工作的态度不同,效果也会不同。

> **管理小妙招**
>
> 如何看待自己的工作?如何对待自己的工作?应把平凡的工作当作伟大的事业。相信你改变了对工作的态度之后,你工作的压力就不会那么大了。

3.调整环境

压力调适,可以采用调整环境的方法。环境调整,可以是小环境,也可以是大环境。如果在工作中一直感到压力特别大,如果允许,可以申请换到其他工作岗位。如果不行，就可以暂时休假，离开让你感到有压力的环境。

当然，如果由于种种原因，你无法辞职，那可以选择适当调整工作环境。如：在办公桌旁放一些绿色植物，可舒缓压力；将家里重新布置，换一种环境，可能压力就会慢慢消除。

最好的方法还是调整自己的心态，因为当我们无法改变环境时，只有改变自己。

4. 运用放松训练

放松训练是国内外广泛应用的控制紧张情绪常用的方法。放松训练主要是通过放松肌肉、骨骼关节、呼吸以及神经等来降低机体能量的消耗，从而达到控制情绪强度的目的。

5. 保持健康规律生活

健康且规律的生活可以减轻心理的负担。因为高效的工作需要健康的体魄，如果身体不适，是很难集中精力处理工作的。

研究睡眠的专家认为，如果希望身体机能能保持最佳状态，每天就要保证有7~8小时的睡眠时间。睡眠不论是在时间管理还是压力管理中都有着极其重要的作用。同时，坚持适量运动可以使身体健康得到保障。

饮食对于身体至关重要。工作紧张时，人们大都以方便食品充饥，而这种食品往往营养不均衡。要想减轻压力程度，改善饮食至关重要。从现在开始，消除不良饮食习惯。

自我测评

经过一段时间学习，相信你有了一定进步，现在请参考以下标准，对照日常工作仔细查对，若打"√"的居多，说明你在这方面的能力较强；若较少，则应加强学习并认真实践，以提升自己在这方面的能力。

序号	工作标准	查对结果
1	不管你怎样生气，都应该让反馈针对特定的与工作有关的行为，不要因为某人的一些不适宜行为而进行人身攻击	
2	对领导安排给你的工作，无论你是否能够理解，完成它是否有难度，是否令自己满意，你都要做到服从、尊重、支持、理解	
3	向领导汇报工作，要遵守"两个凡是"的原则，即：凡是异常问题都要汇报；凡是自己无权决定的问题都要汇报	
4	对于下级工作中出现的不足或者是失误，管理人员特别要注意，不要直言训斥，要同你的下级共同分析失误的根本原因，找出改进的方法和措施，并鼓励他一定会做得很好	
5	作为管理者，应当将表扬、批评分开，不要混为一谈	
6	批评下属时态度一定要诚恳，要站在对方的立场上，以关怀的态度来对待他，并以友好的方式结束批评	
7	无论是上级还是同级，都不应插手别的管理人员的工作	
8	帮助同级要在自己的能力范围内去帮助他，应在保证将自己的工作做好的情况下，尽可能多地去协助同级将工作做好	
9	练习从正面的角度看待不愉快的事。要讲正面的话，比如不要说"这事儿我永远也干不了"，相反要宣告"我通过努力再努力就一定能做得到"	
10	遇到挫折，应先从自己的主观方面去寻找原因。比如：用自己的勤奋特长去弥补不足之处；相信"天生我材必有用"；要停止自我比较，不要担心不如别人，要自己接受自己，确立一种自强、自信、自立的心态	

下一步提升计划：

第四章
有效授权的方法

方法15：适度放权，人尽其才

【方法概述】

哈佛商学院教授迈克尔·波特曾表示：领导者唯有授权，才能让自己和团队获得提升。管理者不可能事事亲力亲为，毕竟一个人的时间、精力、知识和能力是有限的。如果管理者想让工作更加富有成效，就要善于下放权力，给下属施展才华的空间，激发出下属无限的潜力。

关键词：
工作提升
任务性质
风险程度

【方法详解】

一、什么是授权

授权是领导者通过为员工和下属提供更多的自主权，以达到组织目标的过程。有效的授权是一项重要的管理技巧。

二、为什么要授权

很多管理者从早到晚都在工作，到了晚上下班的时候回头想想，才发现做的全部是琐碎的小事，整体工作没有很大提升。如果你是这样的管理者，你需要做的就是授权。

1. 授权的好处

授权的好处主要体现在图 4-1 所示的几个方面。

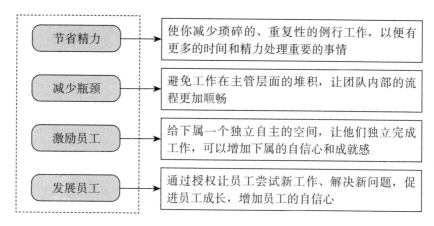

图 4-1　授权的四大好处

2. 不授权的代价

（1）你在次要事情上耗费大量时间，重要工作毫无头绪。

（2）你要加班加点，下属则无事可做。

（3）基本工作进程变慢，工作质量低下，工作期限延误。

3. 是否需要授权

作为管理者，千万不要走入一个凡事都要亲力亲为、包揽一切的误区。考虑一下：你是忙碌的管理人员吗？可以通过以下几个问题进行自我发问。

（1）我的管理工作忙吗？如果你感到很忙的话，就需要引起注意了。

（2）我在忙什么事情？想一想你花大力气处理的事情重要吗？是有价值的工作吗？

（3）为什么总是忙不完，而且越来越忙？大多数的员工都有依赖性，如果你不懂得授权，下属就会事无巨细都向你反映，找你解决。你自己的工作不断被打断，变得越来越忙，工作越积越多。造成这种结果的原因不是下属素质太差，而是你能力不强，不懂得授权。

（4）你是团队中不可或缺的人物吗？为什么？如果你觉得你是团队里不可或缺的人物，或者只要你离开几天，你的团队就无法顺利工作，那你非常有必要学习授权的技巧。它能帮助你摆脱"保姆型"领导的身份，使你的工作更轻松、更有效。

三、影响授权的因素

要学会授权，那到底哪些工作应该授权，哪些工作不能授权？一般来说，我们需要考虑图 4-2 所示的因素。

图 4-2 影响授权的因素

1. 风险程度

主要考虑风险有多大，责任有多重，权力有多大。如果下属不能完成任务的风险不是很大，或者即使真的失败了，所造成的后果并不太严重，所要承担的责任不大，而且授权时下放的权力也不多，这样的工作就可以授权。

2. 任务性质

对不同性质的工作任务应该采取不同的授权方法，如图 4-3 所示。

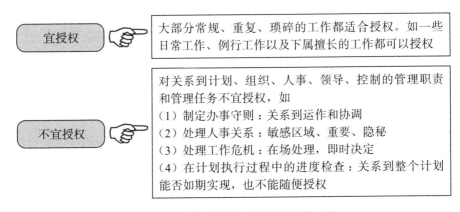

图 4-3 不同性质的任务不同的授权方法

3. 工作分类

管理者可以根据工作常规与否和风险程度大小把工作分成四大类，如表 4-1 所示。

表 4-1 工作分类与授权决定

序号	工作类别	授权与否的说明
1	低风险、常规而琐碎的工作	这种工作一定要授权
2	高风险、常规而琐碎的工作	这种工作也可以授权，但在授权之前要制订详细计划，进行技能辅导和训练，还要加强监督和过程控制

续表

序号	工作类别	授权与否的说明
3	低风险、非常规的工作	这种工作风险低,即使出现差错,也没有太大的危害,可以授权。但因为下属碰到非常规性质的工作的机会比较少,不一定具备处理该问题的技能,所以需要进行培训和辅导为他们提供一些必要的帮助。但是也可以根据这类工作发生的频率,以及培训员工的时间成本等因素来确定是否有必要对员工进行培训。比如说一年只发生一次的事件,如果要花1个小时进行培训,而主管自己做只要5分钟,那就不必授权
4	高风险、非常规的工作	这种工作是否授权要具体情况具体分析。如果下属处理过此类事件,经验丰富,就可以授权,否则不能授权。还有一些工作是绝对不能授权的,如一些非常规的、领导性的、高风险的、关键性的工作。总之,授权跟我们的工作分类有密切关系,应当引起重视

四、可以授权的工作

在认识了影响授权的因素之后,我们来看一看哪些工作可以授权,具体内容如下。

(1)日常工作和活动。
(2)需要技术能力去解决的问题。
(3)某些特定领域内的决定。
(4)监管某一项目。
(5)准备报告。
(6)以代表身份出席会议等。

五、不能授权的工作

表4-2所示的工作不能授权。

表4-2 不能授权的工作

序号	工作	说明
1	计划	计划是目标实现的具体步骤,非常重要,不能授权
2	人事问题	所有敏感的问题通通不能授权,如岗位变动、绩效考评、纪律检查、批评惩罚、发放津贴或奖金等
3	内部纠纷	处理班组内部冲突,如保持团队的士气、处理内部纠纷等
4	发展和培育下属	发展和培育下属有时需要面对面地交流、学习,包括一些重要的技能指导也不能授权
5	任务的最终职责	任务的最终职责是由管理人员承担的,不能授权
6	没有合适的下属能够承担的工作	如果一份工作没有合适的人选可以担当,管理人员自己再忙,也不能授权

方法16：合理授权，赋予权责

【方法概述】

授权是领导者拥有的最有力的工具之一：它可以提高员工自身的工作效率，也可以提高团队的效率。如果不懂放权，就会导致两个结果：一是把自己累"死"，二是把人才埋没掉。因此，管理者应学会合理授权，了解授权的步骤和程序。

【方法详解】

一、撰写授权说明书

在准备授权说明书时，先要明确目标，并准备一张全面的核对表，以确保一项任务的各个方面都已包括在内。最后的授权说明书越全面，你对被授权者成功完成任务的信心就越充分。

授权说明书包括五个部分，具体如表4-3所示。

表4-3 授权说明书的组成部分

序号	组成部分	具体说明
1	目标	明确目标，用简明扼要的语言列出主要目标和小目标。要清楚地让被授权人知道你希望他完成的工作任务和具体目标

续表

序号	组成部分	具体说明
2	资源	指明可利用或需要争取的人员、资金以及设备。这有利于被授权者在短期内迅速了解可利用的资源，尽早展开工作
3	时限	确定日程表，注明检查内容、阶段性任务完成时间和最终期限。时限一定要明确，这有利于被授权者安排时间，有条不紊地完成工作
4	方法	说明已与被授权者议定的程序并总结要点。完成工作的具体方法可在撰写授权说明书前与被授权者商讨
5	权限	指明被授权者的权力范围及他们应向谁汇报。这有利于被授权者认清自己的职责权限，并在必要时及时向领导汇报工作

通过回答下列的问题，管理人员可以确定任务说明的事项。

（1）有什么具体事项需要去执行？
（2）何时需要完成任务？
（3）还有哪些事项没有准时完成？
（4）完成任务的准确度如何？
（5）方案内所有的事项和任务是否相称？
（6）整个方案拆成了多少个部分？
（7）这些部分是由谁执行？

二、交代任务（授权）

交代任务时，授权者的主要任务是有效地进行沟通从而确保被授权者完全理解任务。交代任务时，要把任务的目标解释清楚，并陈述你对最终期限及可度量成果的期望。列出你认为要成功地完成任务所需采取的步骤，并询问被授权者是否理解。要明确任务中哪些方面是灵活的，哪些方面是必须严格执行的。

授权者不但要传达所执行的任务，还要传达执行任务的原因。回答下列问题将有助于管理人员确定并传达所有的目标。

（1）为什么完成任务很重要？
（2）为什么需要在限定的期限内完成任务？
（3）授权的任务有什么前因后果？

当下属了解相关状况时，任务对他而言就更有意义了。

三、控制工作进展

授权要取得成功，就必须建立一个有效且反应迅速的监控系统，通过该系统来监控被授权者及任务的进展情况。控制工作进展的方法及其优缺点如表4-4所示。

表4-4 控制工作进展的方法及其优缺点

序号	方法	优点	缺点
1	参与所有通信联系：你保留绝大部分权力，备忘录、发票等文件须由你签发	使你全面了解进展情况以预见并避免任何严重的判断错误	可能表明你并不充分信任被授权者
2	书面报告：被授权者递交书面报告，汇报行动、结果，定期更新的数字	鼓励被授权者把想法整理清楚，并对任务的完成情况做全面的说明	可能和实际情况相差很远，可能被用来掩盖问题
3	直接汇报：你安排被授权者与你定期汇报任务	使你有机会定期、非正式地了解情况并及早发现任何潜在的问题	可能导致你过多卷入决策和行动中
4	开放政策：鼓励被授权者，你任何时候都可以协助他解决日常问题	使你能够提供必要的支持和进行鼓励并强调授权中的协作	被授权者可能会过分依赖你的意见，而不是主动开展工作
5	通过电脑了解情况：你可利用信息技术系统随时检查所发生的情况	非常严谨，而且有策略，使你只在需要做出重大决策时才参与进去	如单一地采用这种方法，可能无法准确而全面地了解实际情况
6	开会：在由你和被授权者以及其他员工参加的会议上讨论所授权的任务	可在较广范围内讨论问题，协调团队工作	可能会削弱被授权者个人对任务的责任感

四、提供支持

管理人员在授权之后，为了使下属更好地完成任务，还必须提供一些必要的支持。

1. 讨论问题

讨论问题很重要，可以帮助下属尽快开始执行任务，也可以借此回答下属对任务及可用资源的疑惑。

2. 通知其他人

处理大型或重要的任务，应协助下属接触在处理任务时会遇到的关键人物，同时告诉下属这些关键人物在任务中所扮演的角色。

3. 管理人员的支援

在执行任务的过程中，管理人员能够提供的支援也许是最重要的部分。管理人员支援的程度是决定下属对任务执行态度的要素。它会影响下属努力参与任务的意愿。

必须让下属知道管理人员在欲完成的任务中所参与的角色。

和被授权者一起弄清需要在多长时间内获得多少帮助,如果没有其他员工可以帮忙,就考虑求助于外部资源。手头要有一份合格人员的名单,但不要动不动就请他们帮助,只有当项目受到威胁时,才调配外部的资源,始终要使之与开始商议好的任务说明保持一致。

4.维持界线(不干预)

授权一项任务后,不要干涉被授权者完成这项任务。在此过程中可以通过自我提问来判断自己是否要进行干预或是干预得太多,如表4-5所示。

表4-5 自我提问问题清单

自问的问题	答案
1.如果没有绝对必要,我从不干涉吗?	
2.我将召开会议的次数减到最少了吗?	
3.如果被授权者有困难,我会倾向于替他们完成任务以节省时间吗?	
4.我以实际言行表达我对被授权者的信任了吗?	
5.我鼓励被授权者独立解决问题了吗?	

五、提供反馈

检查下属工作情况的方法是在每一项任务完成后向被授权者提供建设性反馈,分析并赞赏被授权者的成绩,并就问题和解决方法展开讨论,但绝不要一味责怪被授权者。

六、论功行赏

对被授权者表现出色的地方要给予称赞,同时也要找出所有的缺点、错误和不足,要知道,表扬和奖励在激发和促进以后的工作中起着重要的作用。

七、总结和提升

1.从失败中学习

要学会从失败中吸取教训。失败时,不要找借口,借口不但说明不了问题,而且还会掩盖失败的真正原因。当你发现错误时,要与被授权者仔细分析原因并与他进行讨论。要告诉被授权者真正的过失并不是失败，而是让同样的错误再次发生。

2. 评估项目中的困难

可以定期评估项目中的一些困难，找出经验和教训，以使被授权者在下一次同样的工作中避免同样的问题出现，具体如表4-6所示。

表4-6 评估项目中的困难

序号	项目的各方面	需要考虑的因素
1	目标：应该达到的项目目标以及阶段成果	如果最初的授权说明书存在问题而需要不断修订，长期目标就可能实现不了。如果阶段目标被忽略，项目就可能陷入困境
2	资源：所需的人力、财力、信息和设备	如果有不确定因素，明智的做法是将项目费用估计得高一点，以便应付意外开支。若信息、设备等供应不足，再能干的员工也会被难住
3	时限：完成项目的预定时间表	确定每个阶段的完成时间就能将误期的风险降到最低。意料之外的问题会打乱计划
4	方法：达到项目最终目标的策略	为了获得预期结果，你必须对达到目标的路线有一个清晰的认识。如果最初的方法被改变，那么达到目标的路线也可能要改变
5	权力：与项目有关的决策责任	被授权者自主权的不足会影响决定的做出，并导致本可避免的延误。不给予权力会降低员工的积极性
6	反馈：授权者和被授权者之间必不可少的交流	除非沟通过程井然有序，否则，项目遇到困难便会遭到失败。身体语言会强调或否定你所说的话

相关链接

授权的智慧

好的管理者像教练，要做一个善于发现人才的伯乐。人才常有，伯乐不常有。只有学会识人授权的艺术，才能打造一支真正高绩效的狼性团队，提升企业整体业绩。

特别是中层管理者，上有领导指派任务，下有员工等待分配。学会了授权，把工作下放，使各部门员工都能各司其职，分摊公务，管理变轻松不说，业绩也不是靠管理者自己大包大揽所能比拟的。

中层管理者要学会授权，但要特别注意的是：授权要适度，只有正确、适度地授权，才能达到预期效果。正确授权不仅能减少管理者负担，使其不被日常杂事缠身，余出的时间可以用来集中处理重大事物；另外，对下属而言，授权能够体现信任度，调动员工工作积极性，不失为一种员工激励方式。

不要不敢授权或不舍得授权。权力是一种管理力量，权力的运用是有度的，而不是管理者个人欲望的自我膨胀。

领导的工作是管理，不是专制；管理者不是监工，监工是专权的化身。

士兵有了开枪的权力，才能奋勇杀敌；推销员有了选择客户的权力，才能卖出货物。权力握在手里只是一件"死物"，只有适度地授权出去，权力的效力才能得到释放，创造更大的价值。

关于适度授权的方法，可以参考以下三点。

第一，要选择一个有能力且愿意接受权力下放的人，一定要找到能够充分并合理利用权力的人。对于那些没有权力欲望的人，往往号召力小，授权的成功率也会很低。

第二，授权后，被授权者需要经过一定程度地专门训练和培养，让他明确自己的权力范围，教给他"自由"行使权力的方法，激发员工的领导潜能。

第三，一旦授权，可以适时指导，接受反馈，给予建议，千万不要处处干预，否则，会让员工对自己的工作能力产生巨大怀疑，造成效率低下。管理者应多鼓励员工，提升其工作积极性。

方法17：下属越权，及时纠正

【方法概述】

授权是团队运作的关键，通过授权可以充分调动下属的积极性，可以大幅提高团队的工作效率，但是授权要有范围、有底线，如果授权的范围和底线模糊不清，就容易出现越权的情况，领导者要根据不同的"越权"情况，采取不同的制止下级"越权"的方法。

关键词：
先表扬后批评
维持现状
因势利导

【方法详解】

一、先表扬后批评

对下属"越权"要做具体分析,不能简单地批评和指责。有的下级"越权",是做了应由上级主管领导决定的事。这是和他有较强的事业心、责任感,工作有积极性、主动性,想工作之所想、急工作之所急,敢作敢为、敢于承担责任等优点相联系的。与工作不负责任,"推一推,动一动",工作稍有难度就推给主管领导相比,这种"越权"的精神反倒显得可贵。尤其是很多下属,抱着"多一事不如少一事"的处世哲学,能推则推,能靠则靠,能拖则拖,能等则等,能舍则舍,得过且过,分内的事都不好好干,更没有劲头去"越权"。对于那种出自正当动机而"越权"的下级,应该又表扬又批评,先表扬后批评,肯定其积极性,并指出"越权"的危害,以"越权"的具体事实帮助其分析研究,指出不"越权"而把事情办得更好的方法。这样,下属才会为管理人员的公正、体贴、实事求是而感动,才能领悟到应该发扬什么,克服什么。

二、维持现状,下不为例

管理人员对下属"越权"产生的和将产生的效应,也要做具体分析。有时下属"越权"决定或处理的问题,可能和主管领导的思路、决策相吻合,有的地方干得更漂亮,成绩更出色。这样自然要维持下去。即使是这样,也要下不为例。有时下属"越权"行为与管理人员的正确决策有一定差距,在成果的取得上要受一定影响,存在某些损失,但仍是正效应,无损大局。这样的情况也要维持现状,继续下去,在进行过程中,尽量使其向更好的方向转化,取得更大的成绩。

三、因势利导,纠正错误

有时下级"越权",对问题的决定或处理本身就是错误的,正在产生负效应。这时,管理人员就要根据情况予以补救、纠正,亡羊补牢,力争把损失减少到最低限度,并教育下属吸取教训,认清"越权"的危害。

自我测评

经过一段时间学习，相信你有了一定进步，现在请参考以下标准，对照日常工作仔细查对，若打"√"的居多，说明你在这方面的能力较强；若较少，则应加强学习并认真实践，以提升自己在这方面的能力。

序号	工作标准	查对结果
1	如果你觉得你是团队里不可或缺的人物，或者只要你离开几天，你的团队就无法顺利工作，那你非常有必要学习授权的技巧	
2	如果下属不能完成任务的风险不是很大，或者即使真的失败了，所造成的后果也不太严重，所要承担的责任也不大，而且授权时下放的权力也不多，这样的工作就可以授权	
3	对于高风险、常规而琐碎的这种工作可以授权，但在授权之前要制订详细计划，进行技能辅导和训练，还要加强监督和过程控制	
4	在准备授权说明书时，先要明确目标，并准备一张全面的核对表，以确保一项任务的各个方面都已包括在内	
5	交代任务时，要把任务的目标解释清楚，并陈述你对最终期限及可度量成果的期望。列出你认为要成功地完成任务所需采取的步骤，并询问被授权者是否理解。要明确任务中哪些方面是灵活的，哪些方面是必须严格执行的	
6	管理人员支援的程度是决定下属对任务执行态度的要素。它会影响下属努力参与任务的意愿。必须让下属知道管理人员在欲完成的任务中所参与的角色	
7	检查下属工作情况的方法是在每一项任务完成后向被授权者提供建设性反馈，分析并赞赏被授权者的成绩，并就问题和解决方法展开讨论，但绝不要一味责怪被授权者	
8	可以定期评估项目中的一些困难，找出经验和教训，以使被授权者在下一次同样的工作中避免同样的问题出现	
9	对下属"越权"，要做具体分析，不能简单地批评和指责	
10	管理人员对下属"越权"产生的和将产生的效应，也要做具体分析	

下一步提升计划：

第五章
高效开会的方法

方法18：精心组织会议

【方法概述】▶▶▶

会议是沟通意见、解决问题、制定决策的一种有力手段。作为主管，要掌握开会频率和技巧。因为，会议经常被滥加使用，以致成为一种费时费事有碍正常运作的"疾病"。

【方法详解】▶▶▶

一、会议前的筹备

会议前的筹备工作如图5-1所示。

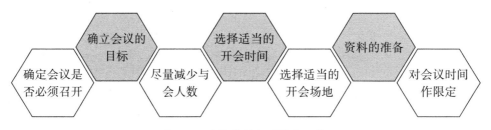

图5-1 会议前的七项筹备工作

1. 确定会议是否必须召开

有些会议是可以不用召开的，因此在筹备会议之前应先寻找取代会议的可行途径，具体如下。

（1）能由适当的人员有效地解决的问题（或制定的决策），则归由该适当人员解决（或制定）。这样，将可免除会议的召开。

（2）以电话沟通取代会议。

（3）偶尔取消一两次会议，以观察此类会议的需要程度。

（4）委派代表主持会议。这样，一来可节省自己的时间，二来可增进该代表的人际接触面及主持会议的经验。

（5）取消所有的例会。将有需要开会讨论的议案集中在卷宗内，等卷宗内的议案累积到相当程度时再召开会议。这样做的好处是，在召开会议前管理人员可能发现，有些议案将不再需要被列入议程之中。不过，那些重要的且有待紧急处理的议案，则应尽早开会处理。

2. 确立会议的目标

召开会议之前，必须先确立清晰的目标。若无清晰的目标，则不应开会，因为目标是会议的指南。

3. 尽量减少与会人数

有些管理人员为了表示公正或民主，一遇开会场合则让手下所有员工参加。殊不知与会人数增加，则沟通的难度将加速递增。当与会者只有两个人的时候，沟通极为容易，因为此时只有两个沟通渠道存在；第三个人加入时，沟通渠道随之增至六个；第四个人加入时，沟通渠道增至十二个；第八个人加入时，沟通渠道增至五十六个；其余可依此类推。因此，要尽量减少与会人数，只邀请有关人士参加。

选择最合适的人参加会议

主持人原则上只应考虑邀请下列两类人士与会。

（1）对实现会议目标有潜在贡献的人。

（2）能够因参与会议而获得好处的人。

对于难以分辨是否应该邀请的人士，最好能采取"宁可邀请，而不排斥"的原则，邀请他们参加，以免遗漏。

需要特别留意的是，与会者人数不宜太多，一般公认的较理想的与会人数是5~7人。

要把每一位参加会议的人都看作资源。资源的利用应按照需要，而不是多多益善。要把公司参加会议的人看作一个群体，他们必须互相影响以完成某项工作；不要单纯问谁应当参加，而要问为什么参加。

管理人员在确定每一个与会人时，要对其提出下列疑问。

（1）这个人与会议将要做出的决定有关吗？

（2）这个人是否具备会议将要讨论的问题方面的专业知识？

（3）这个人将会执行会议的决定吗？

（4）这个人以前有过这方面的经验吗？

不用说，以上标准不是提供让任何人都能出席会议的借口，而正是限制参加者所持的根据。当然，也要依会议的性质而定。有时，之所以请某些人参加会议，理由仅是"还是请他出席好办事""如果不加上他，好像以为看不起他"等。其实，对这些人来说，只要好好解释说明一下，并通知他会议的结果就行了。

4. 选择适当的开会时间

选择开会时间时必须特别留意：当关键性人物无法参加会议时，则原则上不应开会。因为关键性人物不在场时，所制定的决策可能不够明智，也可能不受支持而终至被推翻。因此，管理者应选择适当的开会时间，以令所有与会者都能出席。

为避免会议时间过长，如有可能，则将会议安排在午餐前，或活动之前，或下班之前不久举行。

5. 选择适当的开会场地

选择地点时应顾及该地点对完成会议目标是否容易、设备提供是否齐全、交通是否便利、场地大小是否适中等。议程特别长的会议，最好是在办公地点以外的地方举行，以免受到干扰。

6. 资料的准备

议程及有关资料应先发给与会者，使他们能事先做必要的准备。

7. 对会议时间作限定

按每位与会者每分钟的工资额及每一分钟所享有的福利额估计会议成本。假定：与会者计有 10 位，每一位工资 20000 元，每一位的每个月工作时间为 10000 分钟，每一位在平时所享有的福利等于工资的 25%。

在这些假设下，组织本身对每一位与会者每开一分钟的会议所需支付的代价为 2.50 元，而对 10 位与会者每开一个钟头的会议所需支付的代价则为 1500 元！会议成本的估计有助于提醒会议召集者审慎处事，也有助于提醒其他与会者珍惜会议时间。

因此，应该对会议时间加以限制（即事先制定起止时间），并按每一个议案的重要程度分配适当的时间。

二、会议中的管理

整个会议过程要保持计划的进度，使会议的议程都在指定的时间内完成。一般来说，额外的内容要推迟到临近会议结束再议，这样可保证其他项目能够按时间表准时处理完。

1. 会议应准时开始

在会议中如等候迟到者，则等于惩罚准时者。等候迟到者的先例一开，则原来的准时者将可能变为迟到者，而原来的迟到者将可能变本加厉地成为更严重的迟到者。为避免和消除这种局面，召集会议者应先预告会议将准时举行，然后坚持准时举行。

2. 确保会议按计划进行

（1）在会议进行中可指定专人控制时间。

（2）不要令与会者过于放松，尽量避免提供茶水或点心；当议程很短而且无需做记录时，可考虑采取站立的方式开会。

（3）应按议程所编列的优先次序进行讨论。

（4）除非紧急事件，否则应避免会议受到干扰——包括电话及访客的干扰。

（5）视实际需要可让部分与会者参加会议的一部分，即令与会者只参加与他们有关的议案的讨论。这样，有些与会者可在会议进行到某一阶段时才加入，另一些与会者则可在会议结束之前离席。

（6）在结束会议之前，应概括复述所得出的结论，或经过与会者同意的各项工作的分配及完成各项工作的时限。

确保会议按计划表进行，如表5-1所示。

表5-1　确保会议按计划进行表

项目	按计划进行	没能按计划进行
会议开始	每人准时到会	对迟到者再重复已讨论过的内容
允许表述观点	每人有机会说话	允许任意中断别人的讲话
进行讨论	接受让步	允许因争议而发脾气
得出结论	结论简短而明确	重复已讨论过的观点
决定行动	行动切实可行	没有明确会议的结束时间
总结并结束会议	得出一致的决议	没能得出一致的决议

管理小妙招

会议应准时结束，好让与会者安排自己的时间与工作。在开会之前，如能将重要的议案排在议程的前端，则可令休会前未处理的议案只限于次要者。

三、会议后的跟进

1. 偶尔令与会者对刚刚结束的会议进行即席而不具名的考核

考核表可设计成如表5-2所示。

表5-2　会议考核表

会议主题：　　　　　　　　　会议时间：
会议地点：　　　　　　　　　会议主持：

1. 会议的目标是否清晰？

2. 议程与有关资料是否在开会前适当的时间收到？

续表

3.会议是否准时开始与准时结束？
4.倘若会议不是准时开始与准时结束，那是因为什么？
5.会议是否按议程所制定的次序进行？
6.会议的目标是否被完成？
7.如有必要分配工作并决定其履行期限，则这些事是否被处理妥当？
8.在全部会议时间内，有百分之几的时间不被有效利用？为什么？

2.应尽快编写会议记录

精简完备的会议记录应在 24 小时之内，最迟也应在 48 小时之内派给有关人士。会议记录如能在极短的时间内派发，则可令一部分人士免于参加会议。

管理小妙招

为杜绝与会者无故缺席、迟到或早退，可考虑在会议记录上注明哪些人无故缺席、迟到或早退，这可作为一种惩戒措施。

3.其他事项

（1）追踪会议的决议与待办事项。

（2）解散已达目的的各种工作小组。

方法19：用心主持会议

【方法概述】

对于一名团队管理者来说，会议也是个人魅力和形象的外在展示。会议开得有水平，会让下属更加钦佩、更加认可你的能力，从心底里赞赏和拥护你的领导，在完成工作任务时就会更加努力、更加认真、更加出色。

【方法详解】

一、成功地开始会议

和其他的很多场合一样，准备工作是避免表现紧张的关键：如果你知道自己将会说些什么来作为开场白，你就会放松下来。更重要的是，你可以给整个会议带来一个富有组织的、卓有成效的开始。

1. 准时开会

不准时召开的会议浪费的是所有与会者的时间，这不仅会加剧与会者的焦躁抵触情绪，同时也会令与会者怀疑管理人员的工作效率和领导能力，所以一定要准时，不管人员是否到齐都准时开始，不能因为某一个人迟到而等待。

2. 向每个人表示欢迎

用洪亮的声音对每个人表示热烈的欢迎。如果部门里有一些新的成员,让他们向大家做自我介绍。如果他们彼此已经见过面了,也要确保把新来的成员介绍给大家。

二、会议主持人的沟通技巧

一个优秀的会议主持人总是经常提出他们简短的意见以指引会议讨论的进程,比如说"让我们试试""这是一个好的思路,让我们继续下去"。优秀的会议主持人最常用的引导方式是提问题,针对目前所讨论的问题引导性地提问,会使与会者的思路迅速集中到一起,提高开会的效率。

常用的问题大致可以分为两类:开放式的问题和封闭式的问题。开放式的问题需要我们花费更多的时间和精力来思考回答,而封闭式的问题则只需一两句话就可以回答了。比如说:"小王,你对这个问题怎么看?",这就是开放式的问题;"小王,你同意这种观点吗?",这就是封闭式的问题。作为一名有经验的会议主持人,你应该善于运用各种提问方式,具体如图 5-2、表 5-3 所示。

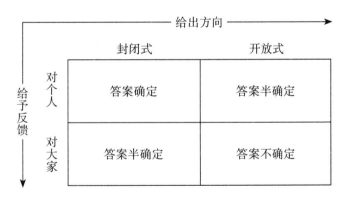

图 5-2　封闭式和开放式问题

表 5-3　四种常见问题类型

问题类型	问题特点
棱镜型问题	把别人向你提出的问题反问给所有与会者。例如,与会者:"我们应该怎么做呢?"你可以说:"好吧,大家都来谈谈我们应该怎么做。"
环型问题	向全体与会者提出问题,然后每人轮流回答。例如:"让我们听每个人的工作计划,小王,由你开始。"
广播型问题	向全体与会者提出一个问题,然后等待一个人回答。如:"这份财务报表中有三个错误,谁能够纠正一下?"这是一种具有鼓励性而没有压力的提问方式,因为你没有指定人回答,所以大家不会有压力

续表

问题类型	问题特点
定向型问题	向全体提出问题，然后指定一人回答。如："这份财务报表存在三个错误，谁来纠正一下？小王，你说说看。"这种提问方式可以让被问及的对象有一定的准备时间

三、圆满地结束会议

不管是什么样类型的会议，在会议结束的时候重新回顾一下目标、取得的成果和已经达成的共识，以及需要执行的行动都是很必要的。

（1）总结主要的决定和行动方案以及会议的其他主要结果。

（2）回顾会议的议程，表明已经完成的事项以及仍然有待完成的事项；说明下次会议的可能议程。

（3）给每一位与会者一点时间说最后一句话。

（4）就下次会议的日期、时间和地点问题达成一致意见。

（5）对会议进行评估，在一种积极的气氛中结束会议。你可以对每一位与会者的表现表达你的赞赏，然后大声地说"谢谢各位"来结束会议。

相关链接

主持会议应掌握的原则

主持人应起指挥员或向导的作用。当与会者怒火迸发时，他是个消防员、裁判员，可以行使限制权；他也是个采购员，容纳百家之言，善于鉴别有价值的意见，并使之完善。总之，他既像法官，又像调解员。因此，他应掌握以下原则。

1. 公正无私

面对面交流意见时，免不了会带些情绪。气氛紧张热烈的会议总比死水一潭好得多。你应采取中立态度，可以分类筛选各种意见，但不能以个人好恶偏袒任何一方。你应引导讨论，而不是强制讨论。

2. 防止冷场

会上一阵沉默突然降临，每个人都在等待别人讲话，如此难堪的情景令人窒息、紧张，也是导致纷争和混乱的因素。这时，主持人要立即做些评说，提问或解释，防止冷场。

3. 控制激情迸发

很多时候，人的感情大于理智，而激情的迸发往往会导致人的失态和人与人之间

的冲突，而带着情绪去争执，只能增加隔阂，失去解决问题的机会。因此，会议主持人要注意观察个别成员的情绪变化，以便及时"灭火"，把话头从"爆炸点"引开，用幽默调节会议气氛，并指出双方都有可能是正确的，只是站的角度不同，所看到的事物就不一样。紧张气氛一解除，再引导大家现实地对待有争论的问题，就容易解决了。

4. 充分通报信息

会上，人们有一种要急于解决问题的倾向，这当然好，可这又往往导致"操之过急"的现象。结论的产生，必须经过对信息的充分研讨，所以主持人首先让与会者摆出全部事实，才可讨论，从而产生明智有效的行动方案，切莫本末倒置。

5. 让人人开口

召开会议的目的是集思广益，要尽可能让与会者特别是那些沉默不语的人讲话，鼓励过分谦恭的人表态，同时注意别让不善言辞的人"晒台"，要引导与会者交流全部信息，讲出所有的真心话，这样做能减少会后议论。

杜绝会后议论，就意味着节约时间，避免重复开会，从这一点来说，主持人也应当让人参与讨论并表态。谁平日爱会后议论，你就让他发表意见。

6. 杜绝"小会"

会上的私下议论，只会引起纷争和相互不信任。主持人一定要杜绝"小会"，保证与会者一次只听一个人讲话。若是个别人私下说个没完，你就可以引导全体与会者将注意力转向他们。你这样说："老周和老王好像谈出些'眉目'了，你们向大伙说说好吗？"众目睽睽之下，小会只好收场。

7. 承认分歧

认为众多的建议会大体一致，那真是太天真了。不同的建议之间必然存在分歧点。分歧的讨论或争论是产生成熟见解的基础。会议上的争论，是有控制的争论，这是好事。主持人不要隐藏或无视分歧，要承认它，把它摆到桌面上去，这样才有可能理智地对待它。对那些闪烁其词的人你可以先问"对这一问题，你的态度是什么"，再问"你的根据是什么"，再进一步问"你说该怎么办"。

8. 不强调分歧，强调合作

与会者大都有自己的态度和观点，这很自然。他们甚至知道有人持反对态度，这也没有什么关系。主持人要领导与会者共同合作，要讲明解决问题需要与会者共同的智慧和决策，会场不是发泄个人恩怨的地方，也不是进行生死搏斗的战场，谁也不应一意孤行。应当把个人当作决策机构中的普通一员，主持人应利用各种机会指出集体智慧大于个人智慧，方案的产生离不开合作。

9. 防止偏航

由提出问题到解决问题，需要一步步地引导。很多毫无结果的会议就是由缺少这种引导造成的，主持人应对此负责。

10. 澄清混乱模糊的信息

要保证发言人的话能够被听众充分理解。人们通常认为讲话人向听众传递的信息，既直接又充分，不会产生误会。这种想法不对。怎样澄清会被误解的问题呢？以下五种方法供借鉴。

（1）在易误解的问题上，向发言人提问，如："我提个问题，这项产品的市场销售潜力怎样？老刘，谈谈你的估计。"

（2）为了充分了解某一建议，你得就一些细节提问，如："没有提到广告费用，这会影响计划吗？"

（3）澄清词的内容，保证听众理解无误，如："请打断一下，你说这个想法很重要，你的意思是说整个方案缺它不可吗？"

（4）请别人代为解释，如："老赵，就这一问题你是否给补充一下？"

（5）概括或重复发言人的话，使内容明确，如："你是说我们不应在国家级杂志上登广告吗？"

11. 幽默能缓解紧张气氛

坚持自己的观点是人们的习惯。当你为自己的想法争辩的时候，很难做到有错则改，承认对方是正确的。在会上，让一个人迅速地转变立场是困难的。有时，即使想转变，也怕难为情。主持人应对此保持敏感，给对方一个既可转变立场又不见得难堪的机会，用幽默缓解紧张气氛，幽默可以给那些爱面子的人"台阶"下。

12. 经常进行简短概括

简短概括如同在比赛场上翻动记分牌，能让与会者感受到会议的节奏，同时也有助于澄清分歧点，引起与会者注意。主持人的简短概括应限制在半分钟内。及时地概括、评论会占用一些时间，但不会影响会议进程。相反，通过简短概括，你为与会者树立了一个珍惜时间的榜样，因为你在直接推动讨论向制定正确的解决方案挺进。

13. 恪守时间

很多会议往往无端地浪费时间。你若扭转这一趋势，则会受到广泛的支持，主持人恪守时间，与会者就愿意在会前认真准备，在会上积极主动、单刀直入地表达看法，避免因迂回而浪费时间。主持人要保持按时散会，保证之前宣布的时限不变动，与会者一有拖时间的情况，你就给予提示或发出警告。

第五章 高效开会的方法

方法20：积极参加会议

【方法概述】

管理者总不免要参加讨论会、协调会和简报会等各种会议。会议正是管理者经常使用的管理工具。各部门通过开会互换信息，领导通过开会布置任务，下属通过会议汇报工作。所以，开会注定是管理工作在职场绕不开的课题，低效会议也是必须要解决的问题。

【方法详解】

一、有准备地赴会

为了令你在每一场会议中都能取得最大的收获，在走进会议室之前，你对以下两个问题，都必须拥有周全的答案。

1. 谁召集这次会议

为了研讨会议的重要性，首先要问会议的召集人是谁。显而易见地，高层管理人员所召集的会议，要比普通管理人员所召集的会议更加重要。

2. 为何召集这次会议

你若不搞清楚会议的真正目的而贸然走进会议室，你将难有大的收获。因此，在与会前你应先了解如下问题。

（1）这次会议是否是为了那些悬而未决的老问题而召开？

（2）这次会议是否是为了摆脱棘手的问题而召开？

（3）这次会议是否是因为某些人想迫使上级下决心做决策而召开？

二、做好会前疏通

如果你有新的提议，而且你的提议可能会威胁到另一部门或另一些人，那你应在会议之前，先与这些可能反对你意见的人进行沟通，以便安排一些足以维护他们的颜面的措施，甚至取得他们一定程度的谅解或支持。必要的时候，你也可以让他们用他们自己的名义提出你的观点。尽管这样做，等于拱手将自己的观点送给别人，但是假如你志在令你的观点被采纳，这样做又何妨？！

> **管理小妙招**
>
> 不论你是否在会议前进行疏通，在会议中，一旦由你提出新观念，则千万不要在言辞上威胁到利害攸关的人士。

三、谋求沟通方法

会议场合中的沟通媒介除了有声的语言之外，无声的语言——诸如仪容、姿态、手势、眼神、面部表情等，同样扮演相当重要的角色。值得特别留意的内容如下。

（1）仪容要整洁。蓬头垢面者通常得不到与会者的好感。

（2）准时或提早抵达会场。

（3）避免穿着奇装异服。为稳妥起见，你的穿戴应尽量趋于保守。

（4）留意坐姿。最理想的坐姿是脊椎骨挺直但却不僵硬，因为只有这样，你才能在松弛的状态下维持警觉性。

（5）两眼正视。跟别人对话时最忌讳的便是两眼闪烁，或是斜眼看人，因为这足以令人对你的动机或品格产生不良的评价。同样忌讳的是，以求情的眼光看人，因为这样做足以削弱你说话的分量。

（6）借手势或物品引起注意并强调自身的观点。以手势配合说话的内容，可以令听众印象深刻。手势的大小视你所想强调的内容而定。谈细节的时候，手势要小；谈大事时，手势要加大。运用手势时，你必须考虑周围实体环境的大小。外界的空间越大时，手势可越夸张；外界的空间越小时，手势应越收敛。为强调你的意见而以物件作为道具是一种良好的举措。

 相关链接

手势的运用

1. 手势的基本含义

手势有不同种类,不同手势的含义不同,具体如下表所示。

手势的基本含义

序号	种类	基本含义
1	情意手势	主要是表达演讲者的情感,通过这个手势把情感具体化了
2	指示手势	就是有具体指示对象,通常是伸出食指,但是这个手势只能指听众的视觉所能达到的范围内的地方
3	象形手势	主要是用来模拟形状物,给听众一种形象的感觉
4	象征手势	就是有象征性的,能引起听众的联想,能启发听众的思维。这种手势比较抽象,比如说你把右臂抬起,手摸着自己的心脏,这表示忠诚
5	号召手势	就是你的右胳膊向斜上方打手势,掌心向外,表示决心和力量。有时一只手,有时两只手

2. 手势的活动范围

手势的活动范围包括上区、中区、下区,具体如下表所示。

手势的活动范围及表示意思

序号	区域划分	活动范围	表示意思
1	上区	肩部以上	手势在这个区域活动多表示理想的、想象的、宏大的、张扬的内容和情感。比如说我们表示殷切的期望,你对同事们说"我真诚地期望你们都能拿到高工资呀,你们加把劲是可以的呀",手势在上区。表示胜利的喜悦、幸福的祝愿、对未来的期望,手势都在上部区域
2	中区	肩部到腹部	这个区域多表示记叙的事物,说明的事物
3	下区	腰部以下	多表示憎恶的、不高兴的,还有不齿的内容和情感

3. 手势的运用要点

手势的作用就是表现在手掌、手指、拳的运用上,人的手掌、手指、拳的不同运动方向、不同方式表达不同的意义。

手势的运用要点

序号	手势动作	运用要点
1	手掌	（1）手心向上，胳膊弯曲，手掌向前伸。这个手势主要表示贡献、请求，或者许诺或者欢迎，只要是表示诚实的都用这种手势 （2）倒过来，手心向下，胳膊微曲，手掌还是稍微向前伸。这个手势主要表示很神秘，还可以表示压抑，表示制止，表示反对，"别这样做"。还有表示不愿意、不喜欢，都用这样的手势 （3）两手由合而分，主要表示空虚、失望，也表示消极、无奈这样的意思 （4）两手由分而合，这个手势主要表示团结，也表示亲密、联合，还可以表示同事之间会面或接洽
2	手指	（1）可以用手指表示对人格的看法。伸出大拇指表示钦佩、赞许，而竖起小拇指表示低贱、无足轻重 （2）指点事物或方向 （3）表示斥责、命令的意思 （4）表示数目
3	握拳	多表示愤怒或者决心或者警告或者宣誓。你在用拳的时候，可以直捶，也可以斜击，宣誓时要高举

四、重视活用数据

生活在数字的世界里，每天所见、所闻与所思的一切，几乎没有不涉及数字的。然而，在会议中运用数字时，一定留意图5-3所示两个要领。

图5-3 运用数字的要领

五、树立良好形象

时时刻刻都须留意自己在他人心目中的形象，因为好的形象对在会议中提出的建议足以产生莫大的助力，坏的形象则足以令你在会议中处处受牵制。下面是一些有助于塑造及维护良好形象的参考事项。

（1）人们总是喜欢诚实的人，以及以公平态度待人的人。

（2）听众所渴望听到的是事实，因此往往对那些夸夸其谈、自命不凡的人极度反感。

（3）人们往往不喜欢不愿倾听他人意见的人。

（4）一般人对情绪激动的人的判断力，通常欠缺信心。

（5）人们对于态度冷静、善于逻辑推理的人的判断力，往往寄以信心。

（6）人们对富于想象力与创造力的人往往产生好感。但是，当一个人的想象力与创造力超越了听众所能理解或想象的范围，则该想象力与创造力将很容易被视为荒谬。

（7）在会议中最令人讨厌的两种人大概是喜欢打断别人说话的人和喋喋不休的人。

六、保持积极态度

在一般会议中，我们经常面临的是消极的气氛，包括消极的表情、消极的情绪、消极的话语、消极的反应等。在消极的气氛笼罩下，若能注入积极的言辞与积极的态度，那将成为严寒中的一股暖流，并成为与会者的心灵寄托。参与会议时，可参照图5-4所示要领行事，将获取不同凡响的良好结果。

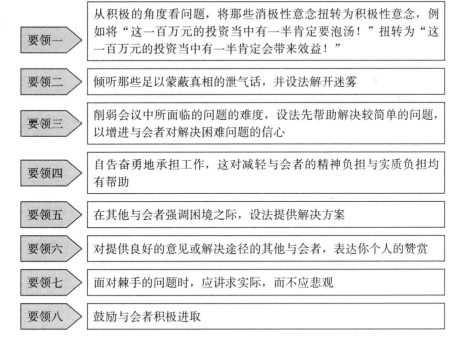

图5-4 保持积极态度的要领

七、协助控制会场

作为管理人员，即使你不是主持人，在必要的时候，你也需要协助主持人控制会场，具体要求如图5-5所示。

要求一	千万要自律，切莫给主持人制造难题。这至少包括：不要与邻座交头接耳；除非特别紧要的事情，否则不要中途离席；不要与主持人或其他与会者争论；不要意气用事；不要在会议中从事与会议无关的工作
要求二	假如与会者之间发生争论，则主动介入，并设法令争论的每一方都能理解对方的观点
要求三	如有人垄断会议，则主动提出自己的意见，或鼓励其他与会者发表意见，以打破垄断局面
要求四	如果讨论的内容偏离主题，则设法提醒与会者有关会议的目标及问题的焦点，以便将与会者的注意力拉回正轨

图 5-5　协助控制会场的要求

八、讲究会议礼仪

会议，是职场中常见的一种沟通形式，也是礼仪应用极为频繁的一类场合。因此，管理者应该懂得相应的会议礼仪，具体如图 5-6 所示。

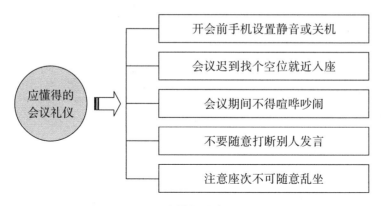

图 5-6　应懂得的会议礼仪

1. 开会前手机设置静音或关机

当台上有人做汇报或布置工作的时候，底下手机铃声突然响起，那么会议必定会受到干扰。这不但会影响台上人的发言，对其他参与会议的人也很不尊重。所以，在开会前如果可以的话请将手机关机，至少也要设置成静音模式，不要因为不合时宜的响铃，干扰其他与会者。

2. 会议迟到找个空位就近入座

职场工作比较繁忙，偶尔意外状况导致开会迟到也是可以被理解的。如果你到达会场的时候会议已经开始，可在后排就近找个空位坐下，以免在会场里走动对会议造成影响。等中途休会时，再回到自己座位上。

3. 会议期间不得喧哗吵闹

不得喧哗吵闹，是会议期间必须遵守的一项会议纪律。无论你参加的会议规模怎样，在别人发言的时候，都不要高声喧哗，影响他人的倾听。如果对会议上宣布的内容有疑问，你可以记录下来之后仔细询问。

4. 不要随意打断别人发言

倾听完别人的发言，是一种基本的社交礼仪。有时我们也会碰到口才特别好，就自己的话题滔滔不绝而不顾他人是否有时间或者真的感兴趣的人，如果此时必须插话，应该趁着对方谈话间歇适时插入，而且要表示歉意："对不起，我想插一句话。"

5. 注意座次不可随意乱坐

一般来说，为了防止座次混乱的情况出现，大型会议或是比较正规的会议上，都会安排座次、放置席卡，以便与会人员对号入座，避免互相谦让。

而普通的会议安排，则讲究以面门为上、以左为尊。对着门的第一个位置，往往要留给职位最高的人。当然这并不是一成不变的，在实际操作的过程中也要灵活掌握座次安排。

比如：对德高望重的老同志，可适当往前排；对邀请的上级单位或兄弟单位来宾，其实际职务略低于主人一方领导的，可安排在主席台适当位置就座。

自我测评

经过一段时间学习，相信你有了一定进步，现在请参考以下标准，对照日常工作仔细查对，若打"√"的居多，说明你在这方面的能力较强；若较少，则应加强学习并认真实践，以提升自己在这方面的能力。

序号	工作标准	查对结果
1	总是在会议开始前3天就已经安排好了会议的日程并将该议程通知到每位与会者	
2	对于会议将要进行的每项议程都胸有成竹	
3	会议开始前对议题已经很清楚	
4	预先拟定邀请与会的人员名单，并在开会前两天确认关键人士是否会出席会议	
5	会议时间安排恰当，能够完成所有的议题	
6	会议室布置恰当，令与会者感觉舒适又便于沟通	
7	总是准时地开会，不会因某个人而等待	
8	有人想跑题时，我会得体地纠正过来	
9	我总是有准备地参加会议	
10	我会在会前与其他部门进行沟通，以获得某些方面的支持	

下一步提升计划：

第六章
管理下属的方法

方法21：下属工作，正确指导

> 【方法概述】

帮助员工提高执行力，对下属进行工作指导，贯穿于管理人员工作的全过程，指导的质量如何，取决于管理人员指导方法的科学性和艺术性。不同的指导方法会产生不同的工作结果，管理人员应在自己的工作实践中不断总结、归纳，根据不同的工作内容、工作环境、工作对象，形成自己独特的一套指导工作的方法，以期取得较好的指导效果。

关键词：
按特点指导
观察发现
指示清楚

> 【方法详解】

一、根据下属的特点选择指导方法

管理人员应根据下属的特点选择指导方法。指导的对象是你的下属，可是下属的能力也是不一样的，有的能力强一些，有的弱一些；有的主动性强，有的主动性差……如何让指导更好地发挥作用，如何让下属在指导中获得帮助并向预期的目标迈进，这的确是管理人员应该考虑的问题。对此，可以把下属分类，按不同的特点采取不同的指导方法，如表6-1所示。

表 6-1 不同特点的下属对应的指导方法

特点	说明	指导方法
有工作能力，又有工作热情	他们愿意承担更多的工作任务，并能从工作中得到满足	管理人员可以实时指派任务并关注执行的结果反馈，切不可过多地干预其执行过程，以免使之产生不被信任的感觉，从而挫伤他们工作的积极性
工作能力弱，但有工作热情	他们会主动要求工作任务，但由于工作能力的限制，在没有取得成功的时候会产生自卑感和失败感	管理人员要及时在他们工作时施以指导，帮助他们取得成功，建立自信心，同时得到他们的信任。管理人员首先要明白没有人是天生有能力的，能力靠自己的悟性和后天的培养
有工作能力，但是缺乏工作的积极性和主动性	这类下属是管理人员最为头痛的，因为他们有工作能力，但是缺乏工作的积极性和主动性，总是要等待管理人员安排工作并催促其完成，事后也没有及时反馈结果	管理人员首先要做到冷静，搞清楚他们为什么会这样。通常这些人有的是对自己的上司或某些公司中层主管不满，认为自己的能力比他们强；有的认为给自己的福利待遇不合理，自己的工资还不如工作能力比自己差的员工；有的则是因为没有目标，不知道自己在干什么。 其次，管理人员要根据不同情况与其进行平等的协商讨论，共同制定一个目标，并明确告知自己对他的期望，逐渐培养并训练其自主、自觉的工作意识 当然如果真的存在不合理的分配问题，管理人员也应努力站出来为他们争取，积极地解决问题
既没有工作能力，又没有工作热情	这样的下属只是混日子	早点将他辞退为好。否则，不仅影响你整个团队的工作绩效，产生不稳定的因素，还会造成你精力的浪费

二、指导下属的一般步骤

管理者除了根据不同的下属选择不同的方法和态度以外，掌握一定的指导实施步骤也是很有必要的。具体如图 6-1 所示。

图 6-1 指导下属的一般步骤

1. 制定目标

制定一些短期的易于实现的目标，能让下属通过努力获得令人满意的结果，并辅以一定的激励措施，帮助下属树立信心。当然，管理人员制定目标时，要和下属进行充分的沟通，如果目标太过简单，就失去了激励的作用；而太过困难，下属无法或很难实现，则违背了制定目标的初衷和原则。

2. 观察发现

管理人员要用心观察下属在工作中的表现，仔细分析下属的心理变化，实时给予帮助，完成工作目标。在此过程中管理人员与下属的直接沟通非常必要，要通过面谈的方式了解下属在实现目标中遇到的困难，并施予援手，要善于从沟通中发现下属的个性、特质和心态，给予正确的疏导，引导下属向既定的目标迈进，并建立起与下属之间的工作友谊。

3. 判断总结

最初制定的目标若能顺利实现，则要和下属一起总结，将好的经验记录下来，检讨所犯的错误，以便于提高下属的能力，这也是最关键的一步。

另外，要激励下属自主制订下一步的工作计划，并逐渐向下放权，增加其自主性。若既定目标没有实现，则要分析原因，共同研究解决方法，以克服困难，同时要修订原有的目标。当然，如果下属此时表现出较强的工作热情和克服困难的勇气的话，对于管理人员来说实际上已经取得了成功。

三、指导下属的注意事项

管理人员在日常工作中，需要特别注意表 6-2 所示三个方面。

表 6-2 指导下属的注意事项

序号	注意事项	具体说明
1	正确地看待下属的缺点	人是一个复杂的多面体，不可能没有缺点。如果在安排工作时首先想"下属不能做什么"，而不是考虑"下属能做什么"的话，那就没法达到你指导的目的了
2	要尊重下属的意见	有的时候在观察事物时，由于你和下属之间的角度不同、出发点不同、站的位置不同等，可能会造成想法的差异。如何对待这种差异，关键要换位思考，充分考虑他们的见解并判断其正确性和准确性，并力求达成共识，同时这也考验管理者判断问题的能力
3	要以宽容的态度对待下属在工作中的过失	由于工作本身的复杂性和外界环境的变化不定，下属犯错是在所难免的，错误并不可怕，可怕的是错误对待错误。管理人员应帮助下属从错误中成长，避免一错再错，避免重蹈覆辙，提高指导的效果

四、指导下属的要点

1. 让下属了解工作的意义

千万不可让大家以为，在工作场所只要按照命令行事就成，尤其不能让新进的人员有这种"齿轮化"的感觉，否则就会使下属认为工作是件不愉快的事情。对工作感到厌倦，人就发挥不出他一般的能力。大多数工作是由单调的例行任务开始的，管理者的责任就是将工作的意义向下属予以充分的说明。

虽然年轻人自行摸索工作的意义与目标是一件好事，但身为管理人员，应向下属指明工作及人生的意义。如果管理人员不能营造一个新员工能随时接受指导的氛围，则可以说其领导能力不足。

正如德鲁克所言，管理者必须是个作业场所中不折不扣的管理者，他必须使全体人员彻底了解工作的意义才行。

2. 清楚地发出指示

如果指示、命令与相对的报告等事情未能做好，就会发生无谓的困扰，对此管理人员应十分注意。

3. 管理人员和下属打成一片

（1）照顾下属要周到。管理人员在每次指导过一般的技术后，应在旁边观察下属的工作方法。一有错误发生，就立即加以改正。

（2）当下属全部学会了以后，要鼓励他再向新的工作挑战，而下属听到这种鼓励的话，往往是非常喜悦的。

（3）下属在受到管理人员的鼓励后，必定会产生反应，对工作的态度，也就会更积极向上。

（4）善用下属的长处，使其潜能在工作中尽情发挥，达到"人尽其才"的目的。

在这个阶段中，管理人员应与下属打成一片，具体地说，就是要随时注意下属的工作状况。

方法22：下属违纪，公平处罚

【方法概述】

任何形式的处罚都会在下属中产生恐惧和愤怒。处罚下属也是管理人员管理过程中面临的难题之一。有些管理人员甚至不愿处罚下属，但在那些违反纪律行为确实发生的情况下，仍必须面临处罚下属的问题。

关键词：
分类型处理
按程序处理
找时机处理

【方法详解】

一、违纪行为的类型

要采取处罚措施的违纪情况有很多，为了简化，可把那些经常发生的违纪行为归为四类，即出勤、在职行为、欺骗和工作之外的活动方面的违纪行为。具体描述如表6-3所示。

表6-3　违纪行为的类型

序号	类型	具体说明
1	出勤	管理人员面对最多的下属违纪问题无疑是出勤问题。重要的是，出勤问题比那些有关生产率（工作粗心、玩忽职守和不按既定的程序工作）的问题更广泛

续表

序号	类型	具体说明
2	在职行为	在职行为即涉及工作中的行为。这类问题包括不会使用安全设备，工作不按操作规程，不服从、胡闹、打架、赌博、工作马虎、喝酒和吸毒等
3	欺骗	尽管欺骗不是管理人员面对的最广泛的下属问题，但是在传统处罚中，欺骗已经导致了最严厉的处罚行为。这是一个信任问题。作为管理人员，你需要相信下属能把工作做好和有效地处理信息。撒谎、欺骗或者其他方面的欺诈行为只会破坏下属的信誉——你对他的信任
4	工作之外的活动	这些活动会影响下属的在职绩效，同时还会影响组织的形象。这些活动包括未经授权的罢工活动、外面的犯罪活动以及为竞争对手工作等

二、处罚的正式程序

处罚是主管按照组织的标准和规章制度采取的行动。典型的处罚可遵循图 6-2 所示的四个程序。

图 6-2　处罚的正式程序

1. 口头警告

口头警告是临时性处罚记录，这个记录将放在管理人员的文件中。口头警告主要记载处罚目的、时间以及反馈会议的结果。如果口头警告有效的话，就没有必要采取进一步的处罚行动。

2. 书面警告

如果经过口头警告，下属仍不能改善其表现，就会受到更严厉的处罚——书面警告。书面警告将写进下属个人档案。但在所有其他方面，书面警告与口头警告相似。也就是说，领导还是会私下里通知下属违纪的事实、影响以及再次违纪的后果。同时，如果过了一段时间，下属没有进一步的违纪问题，领导就会将这次警告从下属档案中删除。

3. 暂时停职

暂时停职，也可说是无薪停职，这是更严厉的处罚。一般只有在前两种处罚措施没有达到预期目标的情况下，暂时停职处罚措施才启用。当然也有例外情况，若违反纪律的性质非常严重，在没有口头和书面警告的情况下，也会直接采用暂时停职处罚措施。其原因之一是短期没有工资，对下属是一种很好的警醒。这样可以让下属意识到他的问题是严重的，从而帮助他全面理解和接受组织的规章制度。

4. 解雇

解雇是最后的处罚措施。但解雇通常只针对最严重的违纪情况，只有在下属的行为严重干扰了部门和组织的运行，这种处罚才能派上用场。

尽管许多组织可能按照这里描述的处罚程序来实施，但应认识到如果下属的违纪行为十分严重的话，也可能超越其中的某些阶段。

比如，偷窃或者攻击其他下属并造成严重的伤害，这样的情况就会引来暂时停职或者解雇的处罚。

管理小妙招

不管你采取何种处罚措施，处罚应该是合理的、一致的。也就是说，下属受到的处罚应该与他的行为相对应，不同的人犯了同样的错误受到的处罚也应该一样。

三、运用处罚的时机

你也不能指望处罚能自动解决问题。在你考虑对下属实施处罚之前，应确信下属有能力和影响力来纠正他的行为。

如果下属没有能力，也就是下属不能完成任务，在这种情况下，处罚就不是最好的解决办法。有的下属确实是这样。同样，如果有外界因素阻碍了下属目标的达成，而且这些外界因素超越了下属的控制范围，如不能正常工作的设备、搞破坏的同事以及过多的噪声，则对下属实施处罚就是不公平的。如果下属能做好但是不愿意做，这时才可运用处罚措施。

但是，能力应该通过技能培训、在职训练、工作设计或者工作轮换来解决。严重影响下属绩效的个人问题主要通过专业心理咨询、医疗治疗或者下属帮助方案解决。当然，如果外界阻碍因素妨碍了下属，你应该积极地去消除它。

总的来说，如果下属的问题已经超越了下属的控制，那么处罚就不是解决办法。

四、为处罚做好准备

在采取任何处罚措施前，应提前告知下属处罚规则和进行彻底的调查。

1.提前通知

当管理人员考虑处罚时，下属有权知道组织对他们的期望和达不到这些期望的可能后果。他们还应该理解违纪问题不同，其严重性也会不同。这样的信息应在员工手册和最新的规章制度中写明。

2.彻底的调查

要想公平地对待下属，就要求在采取任何决策之前进行彻底的调查。在所有的事实没有调查清楚之前，不应做出任何的决定。

作为管理者，你将主要负责实施调查工作。然而，如果问题包括你和下属的个人冲突，就需要第三方来进行这个问题的调查。

调查应该不仅仅集中在可能导致处罚的事情上，还应该调查任何相关的事情。因为这些相关的因素可能显示了一些需要考虑的情有可原的因素。同时，下属必须得到违反了规章制度的通知，这样他可以准备反驳。

管理小妙招

如果没有进行全面公正的调查就下结论，可能会导致很高的代价：下属可能受到不公正的处罚；其他下属对你的信任可能受到严重的挑战；如果下属提出诉讼，还可能会为你的组织带来财务损失。

五、处罚下属的原则

处罚下属并不是件容易的任务，它对于涉及的双方而言经常是很痛苦的。但当你不得不处罚下属时，表6-4所列的12个原则应该对你有帮助。

表6-4 处罚下属的原则

序号	原则	具体说明
1	在谴责任何人之前，先做好自己的事情	发生了什么事情？如果你没有亲眼看见事实，应该调查和核实其他人的控诉。这完全是下属的过错吗？如果不是，谁，或者其他什么因素需要考虑？下属知道和理解他所破坏的规章制度吗？记录如下信息：日期、时间、地点、涉及人员和情有可原的情况等
2	确保提供充分的警告	在采取正式处罚之前，确保你给下属提供了合理的提前警告，而且这个警告已经有文件记载。问问自己：如果受到质疑，你是否能够对你的处罚行为进行合理的解释？你是否在采取任何正式的行动之前，给下属提供了足够的警告

续表

序号	原则	具体说明
3	及时采取行动	当你意识到了违纪情况并得到了调查结果的支持,那么就应该迅速地采取行动。推迟处罚会减弱行动与结果之间的联系,给其他人传递错误的信号,破坏你在下属中的信誉,以后你采取的任何行动都会受到怀疑,同时还会导致问题的再次发生
4	私下进行处罚	表扬下属要在大庭广众之下,但处罚下属应该私下进行
5	倾听下属的解释	不管你的调查结果显示了什么,甚至有公众支持控诉,但正确的过程要求你给下属机会来解释他的立场。从下属的观点出发,看看到底发生了什么,他对规章制度和环境的理解是什么。如果你的观点和违纪者的观点存在巨大的差异,你可能需要展开更多的调查
6	掌握讨论的主动权	处罚是建立在权力基础之上的行为。你在执行组织的标准和程序,因此,你必须控制和掌握主动权。询问和了解下属的立场,得到事实,并不是让下属干扰或者改变你的客观立场
7	采取平静而严肃的口气	应避免愤怒或其他的情感反应,但是也应该用一种平和而严肃的口吻传递你的想法。不要试图用讲笑话或用短时间谈话来减少紧张,那样的行为只可能使下属感到困惑,因为它们发出了与处罚相矛盾的信号
8	针对具体的问题	当你和下属坐下来一起讨论他的问题时,表明你已经做了记录,并对他的问题非常了解。你要用准确的词语来定义违纪情况,而不是仅仅引用组织的规章制度。你所要传达的不是违反纪律这一事实,而是规则的违反对整个部门绩效的影响。你通过展示这样的行为是如何具体地影响下属的绩效、单位的效率和下属的合作者的,从而解释为什么这样的行为必须制止
9	保持客观的态度	批评应该集中在下属的行为而不是下属的品质。例如,如果一位下属上班迟到了好几次,你可以指出这样的行为将加重其他下属的负担和降低整个部门的士气,但不要批评这个人是粗心的和不负责任的
10	选择建设性处罚措施和考虑一些情有可原的情况	选择一个对违纪情况适合的处罚措施。你选择的处罚应该是公平和一致的。一旦你做出了处罚的决定,就要告诉下属你的措施是什么、你采取这样的措施的原因和什么时候开始执行
11	在如何阻止错误再次发生上达成一致意见	处罚应该包括对问题的纠正指导,让下属表示在未来他将计划做些什么来确保错误不会再次出现。对严重的违纪情况,要下属拟一个逐步改变其行为的计划,然后设置一个时间进度表,在下次的会谈上就可对下属的进步进行评估
12	详实记录处罚	为了完成你的处罚行动,确保正在进行的记录(发生了什么、你调查的结果、你最初的警告、下属的解释和反应、处罚决定以及更进一步错误行为的后果)是完整的和正确的。这个全面的记录应该成为下属个人档案的一部分。此外,最好是给一个正式的通知,上面要突出在你的讨论过程中解决了什么、具体的处罚措施和未来的期望,以及如果下属不能纠正其行为甚至一犯再犯你将采取的行动

六、在处罚过程中应该考虑的因素

确定什么是"与违纪行为有关且合理的",在处罚过程中是最有挑战性的工作之一。因为根据严重性的不同,处罚措施就会有很大差别。因而管理者在采取消极处罚时应该考虑表 6-5 所示的因素。

表 6-5 采取消极处罚时应考虑的因素

序号	因素	具体说明
1	问题的严重性	问题有多严重?例如,不诚实通常被认为是比迟到 20 分钟更严重的违纪行为
2	问题的本质和发生的频率	目前的问题是正在出现或者继续再现的违纪行为的一部分吗?连续违纪可能与首次违纪是完全不同的处罚类型
3	问题的持久性	这个下属是否已经有其他的处罚?如果有,又过了多长时间?第一次违纪行为通常认为与第三、四次有很大的不同
4	情有可原的环境因素	存在减轻处罚严重性的诸如超越了下属控制能力的情有可原的因素吗?如下属因为妻子生孩子错过了飞机,而耽误了一次重要的会议。这样的情况就会比他的同事由于睡懒觉而错过同一班次飞机的处罚轻得多
5	下属的工龄	下属已经在这个组织工作了多长时间?他的工作表现怎样?许多违纪行为对那些曾经在组织中有良好记录的下属,处罚将会轻得多
6	组织处罚实践的历史	在你的团队,过去是如何处理类似违纪行为的?在整个组织呢?要公平地对待下属,就必须考虑整个部门违纪行为出现的先例,同时还要考虑组织中其他部门以前类似行为采取的处罚措施
7	对其他下属的影响	你所采取的处罚行为对部门其他下属将会产生什么影响?如果这种处罚行为对部门的其他下属没有什么影响,那么对这个下属采取处罚措施就没有什么意义。相反,如果在被认为是公平的地方没有正确实施处罚,这将会降低部门的士气、破坏你的信誉和减少下属对服从纪律的关注度
8	警告的程度	下属以前受到的关于违纪行为的警告达到了什么程度?他知道并理解了组织制度吗?前面多次提到,处罚的严厉性要反映违纪者对组织的标准和行为的了解和接受程度。此外,制定书面文件指导下属行为的组织,在实施处罚过程中,比那些制度是非正式的和模糊的组织更公平
9	组织高层的支持	如果受到处罚的下属决定将自己的情况反映到组织高层那里,你有合理的证据来证明你的决定是公正的吗?即使你有数据支持你的决定,你能指望你的老板支持你吗?

小团队管理的32个方法 —— 边学边做

方法23：下属冲突，及时协调

【方法概述】

在任何一个团队中，成员之间都必不可少会有矛盾。作为管理者，一是要认识到下属之间的矛盾对团队发展和个人的重大影响；二是要正确处理好下属之间的矛盾，促使他们精诚合作，共创佳绩。

【方法详解】

一、下属冲突的原因分析

团队中下属之间发生矛盾冲突的原因是错综复杂的。一般来讲，主要有以下六个方面的原因，如表6-6所示。

表6-6 下属冲突的六大原因

序号	原因	说明
1	认识上的差异	由认识上正确与错误、先进与落后、创新与守旧等因素造成的冲突
2	个人价值观的差异	价值观反映一个人对事物的是非、善恶、好坏的评价。评价不同，当然难免发生冲突

续表

序号	原因	说明
3	信息沟通的不畅	一个组织中不同的人有不同的信息沟通渠道（正式的或非正式的），彼此之间又互不通气，从而容易造成冲突
4	个人本位主义思想	组织中每个成员都在一定的部门、岗位上工作，在处理问题上有时首先想到的是本部门、本岗位的利益，而对组织整体利益或他人利益考虑较少，这样不同部门或岗位上的成员就可能产生冲突
5	心理行为习惯的差异	人的心理行为习惯多种多样、各不相同。比如有的人性情温和，有的人性情暴躁；有的人性格内向，有的人过于外向，等等。当不同心理行为习惯的人相处或共事时，有可能引起冲突
6	工作竞争引起的冲突	社会中普遍存在着竞争的现象，组织中成员之间也有竞争。正常的竞争能促进成员积极向上，奋发图强。但如果过于片面强调竞争，不注意处理好相互合作的关系，可能会引起成员间的冲突

二、下属冲突的协调解决方法

团队中下属成员间的冲突既已发生，作为管理者，就要根据具体情况采取具体的办法予以解决。冲突的性质、原因不同，解决的方法也应不同。主要方法如图6-3所示。

图6-3 下属冲突的协调解决方法

1.调查法

下属之间的矛盾冲突往往事出有因，因此管理者在处理此类问题时，必须遵循唯物辩证法的原则，既不能出于个人的好恶，也不能偏听偏信，更不能单凭想象或经验，自以为是，随便决断。正确的做法是要先做好调查研究，通过对事实的了解，弄清冲突的内在原因，双方应负担的责任等，然后做出应有的决定。这样才可能做到公正合理。

2.劝导法

下属之间发生矛盾冲突，管理者进行适当的劝导是很有必要的。管理者如果能及时找他们谈谈，即使有些问题一时难以解决，也可以起到缓解矛盾、减轻郁闷的作用。当然，劝导不是一件容易的事，其中具有很高的艺术性。具体要求如图6-4所示。

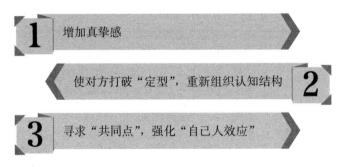

图 6-4 劝导法的三个要求

（1）增加真挚感。不要有应付差事的思想，不要为表示关心而去劝导。管理者的劝导内容要真实可靠，给人以真挚可信感。为此，管理者的外表神态、讲话的信心及技巧等都会成为真挚感的因素。

（2）使对方打破"定型"，重新组织认知结构。下属之间由于价值观的不同、信息沟通渠道的不同以及心理行为习惯的差异等，可能对信息作歪曲性和选择性的接受，可能对对方已形成一种错误的不可更改的偏见，也可能对某事已经有自己的固执的见解等。这样就在他的头脑中建立了一个完整的认知结构，形成了一种比较顽固的态度。这时，要说服他改变对立的情绪往往是很难的。要使其改变态度，就得打破这种定型，使其无法找到足够的辩护理由来维持其观点，这时，才可能改变其态度，组成新的认知结构。所以，关键性的问题是管理者必须找到或组织好足以改变对冲突一方的不良印象或造成误会的证据和事实，这样才有可能达到缓和矛盾冲突的效果。

（3）寻求"共同点"，强化"自己人效应"。当与冲突双方涉及一些实质性的分歧时，一时会难以找到共同点，此时不如先从一些双方无法拒绝的客观事实入手，以此作为进一步提出自己观点或解决办法的基础。有时也可先找些与劝导无关的话题，但这些话题双方又都有一致的语言，以此引起双方心理共鸣。

管理小妙招

强化"自己人效应"。当然不能把这里所说的"自己人"狭隘地理解为领导者与被领导者之间的人身依附关系。"自己人效应"体现的是一种领导者与被领导者之间的同事关系、平等关系。强化这种效应，对解决下属之间发生的冲突是有效的。

3. 公正法

公正而不偏袒，对解决下属之间的矛盾冲突很有必要。如果上级领导在处理此类问题不公正而有意偏袒一方，不但原有的矛盾冲突解决不了，还可能会制造新的更大的矛盾冲突，包括与管理者的对立冲突，甚至有可能发生恶性事件。

4. 警醒法

管理者在处理下属冲突时，要根据冲突的性质、发展程度等，适当地运用警醒法。领导对下属固然主要应采用晓之以理、动之以情、导之以行的办法进行说服，但这仅是一方面；另一方面则应晓以利害，恰当地运用恐惧唤醒，以达到应有的效果。当然，在使用警醒法时也并不排除说服教育，而应相伴使用，以恐惧唤醒、示以后果为主。

> **管理小妙招**
>
> 人人都有自尊需要、社交需要、发展需要等，如果能够根据人所具有的这些需要巧妙地利用警醒法，讲清矛盾冲突对双方利益的损害、对工作的损失、前途的影响等，就会起到有益的作用。

三、下属冲突的调解步骤

一个团队中总是有人因为看法不同而产生冲突。当争执影响到下属的人际关系和业绩时，团队将为此付出代价。实际上，这种冲突完全可以由对话来替代。对话中，各方互相理解，坦诚相待，基于不同的观点，共同合作。

调解下属冲突的步骤如图 6-5 所示。

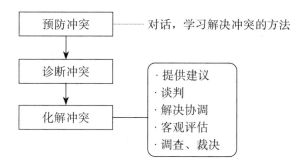

图 6-5 下属冲突的调解步骤

1. 预防冲突

培养自信的、具备团队协作精神的员工，可以减少冲突的发生。有效的沟通流程，可以帮助大家在工作中建立信任，通过对话来解决问题。另一个有效的方法是，让管理者和其他的相关人员学习冲突管理的技巧。

2. 诊断冲突

冲突升级后，处于矛盾中心的人就很难清楚地判断事情。他们的同事也许能从旁观者的角度更准确地看到问题。冲突的各方感觉受到了伤害，变得更坚决，他们的行为也就变得更具防御性。这时,对冲突进行诊断就非常有必要了。

3. 化解冲突

如果冲突双方或是他们的主管不能解决问题,就需要一系列的流程来化解冲突。按照表6-7所示的流程,矛盾可以比较和平的方式解决。

表6-7 解决方案的形成流程

序号	流程	说明
1	提供建议	给冲突的各方提供指导、培训、咨询或建议
2	谈判	让冲突中的双方自己提供方案解决他们之间的分歧
3	解决协调	双方找出解决方案后,指导他们进行沟通,实施解决方案。在这个过程中,第三方的态度是中立的,并不主导解决方案
4	客观评估	由一位持中间立场、经验丰富、合适的人员对冲突进行评估,听取各方的意见后,提供一个客观的报告,指明解决问题的方向
5	调查、裁决	由级别更高、经验更丰富的、合适的中立人员正式调查事情的经过、问题的严重性以及可能带来的影响。他所做的这份详细的报告将作为裁决时的依据

相关链接

管理者如何处理与下属的冲突

管理者每天和下属在一起工作、交往,存在矛盾、冲突的现象是不可避免的。但管理者要想打造一个高效的团队,就必须处理好与下属之间的矛盾、冲突,否则的话,人际关系不协调或冲突加剧,会极大地影响到团队的协调能力。

当管理者与下属产生矛盾、冲突时要怎么处理?方法如下。

1. 引咎自责,自我批评

冲突发生后,管理者先引咎自责,对自己进行批评,就可以在很大程度上化解下属的怒气,同时下属也会因为管理者这种"放下架子,主动搭腔"的亲民风格和真诚态度而感动,在这种情况下,下属也会反省自身的错误。如此一来,双方的冲突不仅化解了,感情还会得到进一步增进。

2. 不予争论,冷静处理

当冲突爆发得比较激烈或突然时,此时管理者最好的做法就是冷处理,不要和下属进行争论,这不仅无益于冲突的解决,还会使矛盾激化,可谓火上浇油。冲突爆发时,管理者可以选择离开冲突现场,让大家的情绪都平复一下。同时管理者还可以通过中间人来周旋,这样既可以避免冲突双方直接碰面的尴尬,还可以起到化解冲突的作用，可谓一举两得。

3.电话沟通，化解尴尬

如果管理者找不到合适的中间人来从人中周旋、调解，还可以选择电话沟通的方式，比如直接语音通话、发短信等方式，都可以起到很好的沟通作用，并且同样可以避免冲突双方直接碰面的尴尬。

4.宽宏大度，适度忍让

管理者应该有领导者的风范，也就是要具有宽宏大度、适度忍让的品质，这不仅可以使下属更尊重自己，还会让很多冲突消失在萌芽阶段。不过，对于一些涉及规章制度等方面的原则性问题，如果下属犯了错，管理者就不能忍让，更不能视而不见。要做到这一点，还需要管理者把握好宽宏大度的"度"。

处理与员工冲突的能力，也是管理者管理和沟通能力的一种具体体现。管理者要想打造一个精诚团结、战斗力超强的团队，就必须努力提升自己的沟通能力，以便强化处理与员工冲突的能力。

方法24：下属生活，多加关心

【方法概述】

下属需要关心，需要管理者的鼓励。事事总拿规则约束自己的下属，这样看似铁面无私，能起到一定的管理作用，但实际上，削弱了下属继续追随的意愿。所以，作为管理者，对下属就应该多一点关心，关心能带来意想不到的效果。

关键词：
排忧解难
培养新员工
善待下属

【方法详解】

一、关心下属是一门学问

身为管理者，只会发号施令是不行的，关心下属也是一门必修课。下属的生活状况如何，直接影响到他的思想活动、精神状态及工作效率。一个高明的管理者不仅知人善用，更善于通过替下属排忧解难来使其焕发内在工作热情——主动性、创造性，使其全身心投入工作。

关心下属，解决下属的后顾之忧是调动下属积极性的重要方法。作为一个管理者，要善于摸清情况，对于下属，尤其是生活较困难的下属的个人、家庭情况要心中有数，时时给他们以安慰、鼓励和帮助，特别是要抓住重要时机。

比如，下属或其妻子生病了要及时探望，准假或适当减轻其工作负担，不要认为他可以坚持工作是小事情，就可以不管不问。下属家庭遇到了不幸，要予以救济以缓解其燃眉之急。在下属遇到大灾大难时，作为管理者，不仅自己要关心施爱，而且还要发动大家集体帮助，解除下属后顾之忧。这样做非常有利于团结集体力量。

二、爱护加锻炼，培养新员工

一般管理者对新来的员工都会提防三分，所以通常只让其做些杂事，将其"放置"一段时间。这种做法，就是传统观念的一种体现，需要明白的是，这种做法会浇灭新人的热情，消磨其斗志。正确的做法是：一开始就将新员工当作一个独立的人，尽可能让其去表现，即使委派重任也无妨。

相对而言，老员工容易墨守成规而且少有新构想。一个团队的缺陷，身处其中已久的老员工是很难察觉的，且有的人恰好是这些缺陷的制造者。

老员工常会提出一套冠冕堂皇的理由，来反对改革措施。相反，新员工就不会有这种现象，他们往往可以发现一些老员工所看不到的单位的弊端。新员工也许经验不足，但绝不会固守前例。对于初来乍到的新员工来说，由于某些客观因素，尽管发现了问题他们也往往会避而不谈。因此，管理者应主动征求新人的感觉与意见。工作中遇到难题，除了与老员工商议，可不要忘了找新员工商讨，只要想办法打消他们的思想顾虑，他们将给你意想不到的惊喜。

其实，现在的老员工，哪一个不是以年轻的新人身份走上工作岗位的呢？那时他们也是热情奔放、富有希望的单位员工，但在遭受无数的挫折后，他们中有一部分失去了斗志，对任何事都不再感兴趣，而只是冷漠地在一旁摆摆老员工的姿态。这些人，多半是遇到不懂教育下属的上司，不是过分放任，就是揠苗助长，要不就在幼苗刚开始成长时,就给予一连串的伤害,幼苗因不堪遭受强烈的外在压力,逐渐萎缩枯死。所以对于一株幼苗,你要多注意给予适当的养分,而避免不必要的打击。

但话又说回来,如果处处当心,一味呵护,而不稍加锻炼,新员工就难以成器。因此,需要有一套妥当的锻炼方式,以高明的手法来造就他,其秘诀如图6-6所示。

图6-6　锻炼新员工的方式

在这里,还有一点要做的是:锻炼下属做坚强的人,使其无论遇到什么艰难困苦,或发生任何事故,都要有勇往直前、不达目标绝不罢休的信心。年轻的员工往往有一个好处:对于失败从不畏缩。所以,作为管理者,应当趁他们年轻时,多让他们担负重任,培养毅力,他们才会成熟。而这些,对年纪大的人来说就较难办到了。

三、善待下属要从平时做起

善待下属本不是件很难的事,关键和可贵之处是要落实在平时。只有平时做到善待下属,方能在关键的时候收到意想不到的好处。"养兵千日,用兵一时"就是这个道理。如果一个管理者只是到了真正需要下属,没有他们不行的时候,才想到了他们,然后给他们一点好处,这种"平时不烧香"的管理者,很难想象在其"急"时,其员工会为其真正"卖命",他们很可能会袖手旁观,甚至有时会背叛。每个管理者都应该记住,亲切善良能帮助你渡过很多难关。因此,善待下属,还得从平时做起。

作为一个优秀的管理者,要时时考虑如何善待下属。有些管理者总忧虑下属到关键的时候会由于私心过重而回避困难,不向自己伸出援助之手。其实这只是一个人疑心过重的表现。

管理小妙招

人是有感情的,给予其爱心和关怀,总是能得到回报的。如果一个管理者总表现得过于冷漠和严厉的话,只会使下属敬而远之。他们绝不会心甘情愿地服从你的命令。

自我测评

经过一段时间学习,相信你有了一定进步,现在请参考以下标准,对照日常工作仔细查对,若打"√"的居多,说明你在这方面的能力较强;若较少,则应加强学习并认真实践,以提升自己在这方面的能力。

序号	工作标准	查对结果
1	对自己的每一个下属的性格特点都非常地了解,并在工作上有针对性地进行指导	
2	在指导下属工作的时候能清晰地发出指示	
3	与员工在互动过程中,时刻表现出热情、坚持不懈地完成任务的决心和毅力,用自己的积极行动来鼓舞员工	
4	经常指点下属有关工作的做法与工作态度	
5	在对员工实施惩罚前,将犯错员工的表现和成文的规章制度做对比,比较一下两者是否相差很多,表现在什么地方	
6	经常对下属进行规章制度的教育和宣传,以警告或劝诫员工不要触犯规章制度,说明罚款的种类和额度	
7	在谴责任何人之前,先做好自己的事情	
8	在处理下属之间的冲突时,要先做好调查研究,通过对事实的了解,弄清冲突的内在原因、双方应负担的责任等,然后再做出应有的决定	
9	管理者要善于摸清情况,对于下属,尤其是生活较困难的下属的个人、家庭情况要心中有数,时时给他们安慰、鼓励和帮助	
10	管理者要锻炼下属做坚强的人,使其无论遇到什么艰难困苦,或发生任何事故,都要有勇往直前、不达目标绝不罢休的信心	

下一步提升计划:

第七章

激励团队的方法

方法25：情感激励，激发凝聚力

【方法概述】

人是需要激励的，因此，对人的激励便形成一种领导艺术。激励手段可以分为两种：一是物质上的，主要的形式就是金钱上的奖励；一是精神上的，主要从员工的社会需求上来激励。情感激励是精神激励的一种重要形式。

关键词：
"家庭式"关怀
人情味
留意"牢骚"

【方法详解】

一、什么是情感激励

所谓情感激励，就是通过强化感情交流沟通，协调领导与员工的关系，让员工获得感情上的满足，以激发员工工作积极性的一种激励方式。在具体的操作过程中可谓是"因企而异"，可以通过加大和员工之间的对话，提高员工在企业管理过程中的参与程度等来完成这个项目。

情感激励既不是以物质利益为诱导，也不是以精神理想为刺激，而是指领导者与被领导者之间的以感情联系为手段的激励方式。每一个人都需要关怀与体贴，一句亲切的问候，一番安慰话语，都可成为激励人们行为的动力。

二、情感激励的作用

情感激励是一种领导艺术,应用得当能够增强团队凝聚力。在员工遇到困难时,适时地给予精神鼓励和物质帮助,经常与员工谈心,加强思想沟通,消除隔阂,组织集体活动,赠送生日礼物,生病探望等,所有这些都会让职工感受到一种"家庭式"的关怀,从而增强对公司团队的信任和忠诚度。

> ××车灯有限公司是当地连续多年的金牌企业,他们长期以来每年会奖励"××宝宝",员工的孩子考上大学、评上"三好学生"等,都给予奖励。这个一举多得的制度的推行,得到了广大员工和孩子们的欢迎,孩子们以被评为"××宝宝"为荣,员工们则把拥有"××宝宝"这份荣耀化为工作的动力,两代人就这样你追我赶,不断激发出学习、工作的热情。

由此可见,情感激励也是一种有效的企业管理方法,它能直接影响员工的价值取向和工作态度,通过情感激励的作用,形成员工对企业的归属感、认同感。这样,员工就可以进一步满足自尊,激发出自身的积极性和创造性。

三、情感激励的方式

情感激励主要是培养激励对象的积极情感,其方式很多。如:沟通思想、排忧解难、慰问家访、交往娱乐、批评帮助、共同劳动、民主协商等。只要领导者真正关心体贴、尊重、爱护激励对象,通过感情交流充分体现出"人情味",他就会把你对他的真挚情感化作自愿接受你领导的自觉行动。

> 2012年的春运,不少打工者面临"一票难求"的情况,许多企业纷纷想办法解决员工回家难的问题。海门的企业也是如此,有的企业联系包车,有的企业团购车票,有的企业派出专人购买车票,有的企业推出报销车票的举措。万年镇的一位老厂长因为不会电脑操作,特意赶到市区,请他的儿子上网买票,终于解决了10多个员工回家的车票。
> 春运期间,《现代快报》以"70名员工,70张火车票,年迈副厂长上网刷了几天"为题报道了扬州市西湖镇一家玩具厂年迈的张副厂长,为了70名员工能够回家过

年，花了好几天学会了上网订票的故事。这位老厂长说："员工回趟家不容易，能为他们提供方便我也感到开心。"

两位老厂长用的就是情感激励法。情感需要是人的最基本的精神需要，因此企业的管理层就要舍得情感投资，重视人际沟通，建立感情联系，增强员工和管理层在感情上的融合度。一旦情感联系确立，员工就会快速高效、保质保量地完成生产任务，作为情感上对企业的回报，有的甚至能不去计较工资、奖金等物质因素而尽快完成任务。

因此，企业的管理者应该找准员工的情感激励的需要，将满足员工需要的情感激励措施与企业发展目标有效地结合起来，以激发员工为岗位奉献的积极性，为企业创造更多的经济效益。

四、情感激励的技巧

情感激励就是加强与员工的感情沟通，尊重员工，使员工始终保持良好的情绪以激发他们的工作热情。团队领导若能懂得其中奥妙，并不失时机地对团队中的成员及其家人给予关怀，对他们做感情投资，往往能够起到事半功倍的激励效果。

有些团队的领导不屑于对团队的成员进行感情投资，他们认为，员工这么多，如果对每一个人都投入感情，哪里还有时间抓管理？殊不知，对自己的员工进行感情投资也是一种管理，一种更加人性化的管理，一个人性化的上司更能得到员工的拥护。

案例

日本麦当劳商社社长藤田田，著有一本畅销书《我是最会赚钱的人》。他将他的所有投资分类，研究回报率，发现感情投资在所有投资中，花费最少，回报率最高，他本人就是一个善于感情投资的人。

藤田田每年支付一大笔钱给一家特定的医院，作为保留病床的基金。当职工或家属生病、发生意外，可立刻住院接受治疗。即使在星期天有了急病，也能马上送入指定的医院，避免在多次转院途中因来不及施救而丧命。

有人因此问藤田田，如果他的员工连续几年里都没人生病，那钱不是白花了？藤田田回答："只要能让员工安心工作，对我来说就不吃亏。"

能有如此境界的人，想不让员工尊重都难。要知道，升职加薪固然惹人爱，但其作用毕竟是有限的，只有进行一定的、卓有成效的情感投资，才能用更小的代价换取更多的人心。当然，这需要掌握一定的技巧，具体如图7-1所示。

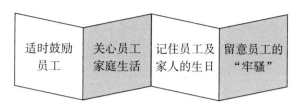

图 7-1　情感激励的技巧

1. 适时鼓励员工

作为管理者，当下属顺利完成工作、取得较大成绩时，表扬下属几句，表示出对他的肯定和认可，并鼓励他以后好好干，势必会收到意想不到的激励效果。反之，从来不去注意他们，或者将他们的功劳据为己有，都会使员工的工作激情逐渐消失殆尽。同时，当下属提出创意，勇于表达自己的不同意见时，无论他的看法是否正确、是否可行，都应该对其具有的勇气和精神表示认同，给予鼓励。要知道，在大多数情况下，下属对上司的要求其实并不高。只要适当地给他们一些鼓励，就会让他们感受到自己的上司是有感情的，从而能够满怀激情地去工作。

没有感情投资，就没有忠诚的士兵，又哪来的千古名将？所以，聪明的管理者，在下属身上注入一笔感情投资，对你来说，这将是一笔稳赚不赔的"生意"。

2. 关心员工家庭生活

当下属在工作中或家庭生活中碰到困难时，管理者应该表示理解和支持，提供解决的办法或者必要的帮助。这样，才能充分鼓舞下属的士气，使其更加努力地工作。一句"你女朋友还好吧""你母亲身体好吗""你孩子今年多大了"，都会让下属倍感温暖。

> 广东有家电子公司的销售经理，注意到自己手下的员工大部分都是单身或家在外地，没有条件在家吃饭，为了解决员工吃饭的困难，销售经理申请公司总部为员工办了一个小食堂。当员工们吃着公司小食堂美味的饭菜时，由衷地感激上司的爱护和关心，工作干得更起劲了！

关心体贴下属的生活，使他们家庭和谐幸福，生活无忧，这些无疑是下属做好工作的前提和保障，更是一种情感激励。

3.记住员工及家人的生日

管理者可通过举办员工生日会，了解员工的心，知道他们的所想所愿、追求和目标，以及他们的价值取向和面临的问题。这样，能够让员工感受到你的关心，从而激发他们的热情和干劲。

松下幸之助曾经说过："最失败的上司，就是那种员工一看见你，像老鼠见到猫般没命地逃开的上司。"他每次看见特别辛苦的员工，都要亲自为他泡杯茶，说："太谢谢你了，你辛苦了，请喝杯茶吧！"作为管理者，只有赢得员工的拥戴，才能调动他们的积极性，激发他们的无限潜能。

4.留意员工的"牢骚"

面对员工的"牢骚"，管理者不可置之不理，而应分析"牢骚"的原因，及时疏导，否则，员工的怨气将会积小成大，"牢骚"就会像瘟疫一样蔓延，影响整个团队士气，打击员工积极性。要知道"牢骚"并不可怕，关键是要找一个单独的环境，与发牢骚的员工做一对一的面谈，进行推心置腹的交谈。

当你这样做后会发现，员工们发完牢骚，不仅像没事情发生过一样，一身轻松地离开，而且还会在心里感谢你，感谢你的关注和沟通。

管理小妙招

以上几种方法，对激励员工有着十分明显的作用。尽管它们看似"毛毛细雨"一样细小，却能灌溉员工的心灵，促使下属像禾苗一样生机勃勃，茁壮成长。如果效果依然没有想象中的那么好，那很可能是作为主管的你对下属的情感投资不够。此时，需要你重新审视局势。

方法26：尊重激励，激发责任感

【方法概述】

尊重是最人性化、最有效的激励手段之一。以尊重、重视自己下属的方式来激励他们，其效果比物质上的激励要来得更持久、更有效。可以说，尊重是激励下属的法宝，其成本之低，成效之高，是其他激励手段都难以企及的。

第七章 激励团队的方法

关键词：
关注对方感受
鼓励不同思维
一视同仁

一、什么是尊重激励

所谓尊重激励，是指管理者以平等的态度对待每一个被管理者，它包括信任、尊重、支持三个互相联系的方面，如图7-2所示。

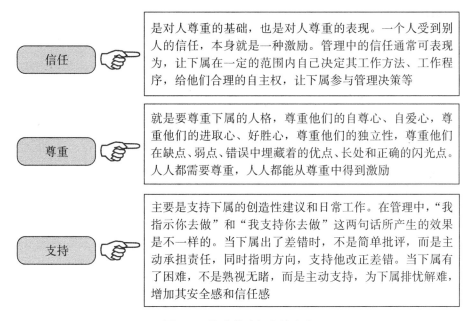

信任 ☞ 是对人尊重的基础，也是对人尊重的表现。一个人受到别人的信任，本身就是一种激励。管理中的信任通常可表现为，让下属在一定的范围内自己决定其工作方法、工作程序，给他们合理的自主权，让下属参与管理决策等

尊重 ☞ 就是要尊重下属的人格，尊重他们的自尊心、自爱心，尊重他们的进取心、好胜心，尊重他们的独立性，尊重他们在缺点、弱点、错误中埋藏着的优点、长处和正确的闪光点。人人都需要尊重，人人都能从尊重中得到激励

支持 ☞ 主要是支持下属的创造性建议和日常工作。在管理中，"我指示你去做"和"我支持你去做"这两句话所产生的效果是不一样的。当下属出了差错时，不是简单批评，而是主动承担责任，同时指明方向，支持他改正差错。当下属有了困难，不是熟视无睹，而是主动支持，为下属排忧解难，增加其安全感和信任感

图7-2 尊重激励包含的内容

二、尊重激励的作用

作为一名管理者，千万不能小看尊重下属的激励作用，那是一种促使下属自发地高速前进的助推器。管理者必须明白，下属之所以愿意努力地工作，是想通过工作业绩得到他人的尊重，而不是仅仅为了金钱；若得不到应有的尊重，员工就不会愉快地工作，当然就不可能提高工作效率。

案例

惠普是世界一流的大公司，它之所以能够取得成功，在惠普的许多经理看来，靠的是"以人为本"的企业宗旨。惠普公司"以人为本"的宗旨主要体现为关心和重视员工、尊重员工的工作。惠普的创始人之一休利特和当了四十年研制开发部主任的奥利弗，都要经常到惠普公司的设计现场去，和普通员工交流意见，察看员工们的工作情况。以至于两人不再任职后，公司的职员们却都有一种感觉，好像休利特和奥利弗随时都会走到他们的工作台前，对他们的工作提出问题。在惠普公司，领导者总是同自己的下属打成一片，他们关心员工，鼓励员工，使员工们感到自己的工作成绩得到了承认，自己受到了重视。这些无不体现了公司对员工的重视和关心，员工获得了公司的体贴与爱护，做出的成绩得到了公司的肯定，他们的工作也就更加努力。

从惠普的例子我们看出，尊重和关心下属，认可他们的工作，能使他们得到鼓舞，得到满足，这有助于激励他们努力工作。

换言之，管理者如果能把下属当做与自己平等甚至是更值得尊重的人，那么这种尊重就会使他们产生一种由衷的自豪感，从而激发他们为团队拼命的工作热情。在领导者对下属表现出热情关怀的那一刻，下属就会感觉自己是真正被领导者所尊重，他们就不会把领导看成是一个毫无感情的"头儿"，而是将其看成朋友。为朋友做事往往要比接受上司命令做事要积极、有效得多。

比如，刘邦被困巴蜀之时，筑台拜将，极大地满足了韩信的自尊心，终于在韩信的辅助下，杀出蜀中，取得天下。

在管理实践中，管理者如果不能够做到发自内心地尊重下属，常常会使自己陷入尴尬的境地。如果管理者乐于在下属面前颐指气使，那么可以肯定地说，这个团队是留不住优秀下属的，不愿走的只会是一些无能之辈。更为严重的后果还不止这些，它还将牵制团队的长久发展，阻碍企业的成功进程。

对于下属来说，他们在内心深处都有一种渴望得到领导重视的被尊重的心理。在他们看来，在职位上的差异他们能够接受，但在感情上却希望自己的贡献、自己的价

值能得到认可,这种认可的体现就是在团队中能得到别人的尊重,尤其是上级领导的尊重。一旦这种希望得到实现,他们的内心深处就会产生一种"不负使命"的责任感,工作意念和干劲儿就会充分表现出来。

同时,管理者对下属的尊重,同样也是赢得下属的尊重并让下属认可你的领导才能的前提。一旦下属对你产生一种尊重和崇拜感,就会转化出一种强大的工作热情。

三、尊重下属的真谛

既然每个人都盼望自己受人瞩目、受人尊重,那么,我们就应该设法满足别人的这些期盼。

比如,一位主管要下属来自己办公室的时候,从来不说"你到我的办公室来一趟,我有事要让你办",而是说"我在办公室里等你"。这位主管的话听起来,总会给人一种很舒服的感觉。

这是为什么呢?因为他用非常巧妙的方式把自己从"主位"移到了"宾位",由主动变成了被动,而使下属由被动变成了主动。这样自己不损失任何东西,但却使下属获得了充分的满足。下属会觉得自己受到了尊重,是自己为某事做主,而不是听命于某个人。于是,他自然而然地就会对上司产生好感,加倍地努力做事。在这方面,"经营之神"松下幸之助可谓深谙其道。

案例

有一天,松下幸之助在一家餐厅招待客人,一行人都点了牛排。待大家用完餐后,松下便让助理去请烹调牛排的主厨过来。

松下特别强调说:"不要找经理,找主厨。"

助理这才注意到,松下的牛排只吃了一半,心想过一会儿的场面可能会很尴尬。

主厨很快就过来了,他的表情很紧张,因为他知道请自己来的人,是大名鼎鼎的松下先生。

"有什么问题吗,先生?"主厨紧张地问。

"对你来说,烹调牛排已不成问题,"松下说,"但是我只能吃一半。原因不在于厨艺,牛排真的很好吃,但我已80岁高龄了,胃口大不如从前。"主厨与其他用餐者,困惑得面面相觑。大家过了好一会儿,才明白这是怎么回事。

"我想和他当面谈。因为我担心他看到只吃了一半的牛排被送回厨房,心里会很难受。"原来松下先生是怕主厨怀疑自己的烹调手艺出了问题。这让主厨很感动,在场的客人更佩服松下的人格,并更喜欢与他交朋友、做生意。

关注对方的感受——这就是松下的领导风格。显然，这是对对方极大的尊重。无疑，这更能得到部下和员工的信赖和拥护。只有员工受到了尊重，他们才会真正感到被重视、被激励，做事情才会真正发自内心，才愿意和管理者打成一片，站到管理者的立场，主动与管理者沟通想法探讨工作，完成管理者交办的任务，心甘情愿为团队的荣誉付出。

> **管理小妙招**
>
> 礼遇下属、尊重他们的独立人格、器重他们的才干、推崇他们高效的工作方法、鼓舞他们的工作热情等，不仅是管理者应该具备的职业素养，是人性化管理的必然要求，还是回报率最高的感情投资。

四、尊重下属的要点

在团队管理过程中，有些管理者并没有从内心深处树立尊重下属的意识，他们口口声声称自己很尊重下属，但实际却流于表面，没有任何实际的行动。那么，管理者究竟怎样才算是真正尊重下属呢？其要点如图7-3所示。

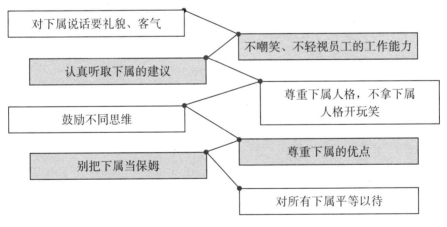

图7-3 尊重下属的要点

1. 对下属说话要礼貌、客气

每个人都希望得到别人的尊重，下属当然也不例外。当管理者将一项工作任务交给下属时，请不要用发号施令的语气命令下属如何如何。如果下属出色地完成了工作，管理者不要吝啬一声"谢谢"。要知道，一句"谢谢"不会花什么钱，却能得到丰厚的回报。

当然，尊重不能仅限于口头，或只凭一时高兴。管理者既需要在正式场合，也需要在非正式的场合给予下属适当的尊重。

2. 不嘲笑、不轻视员工的工作能力

下属在处理业务时如果出了问题,又不知道如何解决时,管理者不应该嘲笑或轻视他的能力,而应把这些下属召集起来,友好地对他们说:"来,让我们一起研究一下这个问题。"聪明管理者的"一起研究""一起想办法"的做法,会使下属感到自己对团队来说非常重要,使下属产生强烈的成就感。下属在这样的心理作用下,工作起来自然更加努力。

3. 认真听取下属的建议

管理者在听取下属建议时,要全神贯注,不能三心二意,并尽量在最短的时间内确定下属所想表达的意思。要让下属觉得自己是被领导尊重和重视的。无论如何,都不要态度生硬地立即拒绝下属的建议,即使你觉得这个建议没有什么价值,在拒绝下属的建议时,管理者也要将理由说清楚,措辞要委婉,并要感谢下属为团队着想。

4. 尊重下属人格,不拿下属人格开玩笑

人人都有被尊重的需要。管理者尊重下属人格,往往会产生比金钱激励大得多的激励效果。

这样不需要成本的激励措施,尤其需要你去注意运用。作为管理者,千万不要诋毁任何一名下属,也不要开一些有关下属人格的玩笑,因为尊重对一个人非常重要且有价值。如果管理者想当然地嘲弄下属,轻则会使当事人倍感冷落,极大地影响他的工作热情;重则会树敌无数,成为下属最不喜欢的人。

5. 鼓励不同思维

作为一名管理者,不能存在求同思维,不能无论什么事都要求下属的思维和自己一致,这对个人、对团队都是十分不利的。如果你不能容忍不同的思维,只喜欢提拔那些想法、做法和你一致的人,就会在你的周围聚集一批与你思维相似的人,从而扼杀了思维的创造性。当你遇到困难时,你周围的人并不能帮你,因为他们的想法与做法和你都如出一辙。

6. 尊重下属的优点

没有人是十全十美的,每个人都有自己的优点和缺点。管理者如果想获得下属的尊重,想让下属认可你的管理才能,就得尊重下属的优点。重视这条准则,管理者将有效地避免陷入困难的境地。同时还要忽略下属的缺点,作为管理者,你应该虚怀若谷、海纳百川，不对下属的小缺点斤斤计较。这样，在你尊重下属的同时，也会获得下属的尊重。

7. 别把下属当保姆

在日常工作中，有很多管理者随意使唤自己的下属，认为这样做是天经地义的。其实，这些人犯了一个大错误，他们扩大了下属的概念，将下属与保姆等同起来。下属们心里会怎么想呢？他们心中肯定充满了不满的情绪。带有这样的情绪做事，他们又怎么能把工作做好呢？

8. 对所有下属平等以待

管理者需要一视同仁地对待下属，不能被自己的个人好恶所左右，不要在一个下属面前把他与另一员工相比较；不要在分配任务和利益时有远近亲疏之分。

总而言之，尊重下属是激励团队的一项重要举措。如果管理者不懂得尊重下属的领导艺术，只知道对下属颐指气使、发号施令，其结果是不堪设想的。

方法27：榜样激励，激发积极性

【方法概述】

无论是人类发展的过去还是当下，榜样作为一种精神价值载体，始终发挥着不可替代的作用，一个榜样就等于一面旗帜，将起到巨大的激励作用。

关键词：
树立旗帜
重视过程
真实

【方法详解】

一、什么是榜样激励

榜样激励法是指管理者选择在实现目标过程中做法先进、成绩突出的个人或集体，对其加以肯定和表扬，并要求大家学习，从而激发团体成员积极性的方法。

我们常说，榜样的力量是无穷的，榜样是一面旗帜，使人学有方向、赶有目标，起到巨大的激励作用。管理者在团体内选择榜样，应该是成绩突出、品德高尚、作风正派的成员。

二、榜样激励的作用

案例

在杭州一家大型美容美发综合店里，一直有每个季度评一次"优秀员工"和"进步卓越员工"的传统。老板把这个传统坚持了多年，收到了非常良好的效果。

小纪是一名刚从美容美发学校毕业的学生，除了一些理论知识，可以这样说，小纪没有任何销售的经验，实操方面更是需要锻炼。美发店里还有一位小唐，她在这家美发店工作了两年，除了有丰富的推销经验，各种技术也非常过硬。最近，美发店推出了"创意精剪＋冰疗SPA"的项目，老板就把没有什么实际经验的小纪和经验非常丰富的小唐搭配在了一起。其他员工并不看好这对组合，甚至小唐自己也没有信心。但经过一段时间的磨合，这两人的组合非常默契，在给顾客推荐项目的时候，小纪学到了很多经验，同时，小唐的技术也给小纪提供了一个学习的模板。

在这段时间里，"创意精剪＋冰疗SPA"受到了顾客的欢迎，推广得非常好，也给美发店创造了可观的经济效益。在月底的总结会上。老板把小唐评为了本季度的"优秀员工"，也把小纪评为了"进步卓越员工"。同时，最让人欣喜的是，老板针对这一组合，专门设立了"最佳组合奖"，不仅给了精神奖励，同时也给了非常丰厚的奖金。

这个事件在美发店员工里的反响非常大。大家对小唐、小纪的努力和成绩有目共睹，对于老板的奖励也看在眼里，这样一来，就在无形中形成了一种团结的、共同进步的良好氛围。

以上这个案例就是一个典型的"榜样激励",我们再来看看这种榜样作用可以给全体员工带来什么样的影响,具体如图7-4所示。

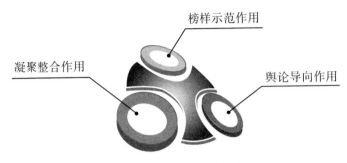

图 7-4　榜样激励的作用

1. 榜样示范作用

最初,小唐、小纪这对组合是不被其他员工看好的,甚至小唐本人也不看好。但通过努力,她们以优异的成绩证明了自己,也告诉其他人,相信自己的伙伴是一件非常重要的事情。

2. 凝聚整合作用

小唐、小纪这对典型人物,她们的理想、信念和追求具有现实的基础,易于为员工所认同和敬佩,能产生独特的魅力,使团队形成整体合力。

3. 舆论导向作用

在一个良好的团队环境中,典范人物的行为能控制舆论导向,起到引导员工言行、强化组织价值观的作用。

在企业中,以什么样的人做榜样,鼓励什么样的行为,关系到企业的价值理念和企业文化的建设。一般来说,在某些方面有特点、有特长、有杰出表现的员工,才能成为大家学习的榜样。

榜样的力量是无穷的,通过树立榜样,可以促进群体的每位成员的学习积极性。树立榜样的方法很多,有日榜、周榜、月榜、季榜、年榜,还可以设立单项榜样或综合榜样,如创新榜、总经理特别奖等。

三、树立榜样的要点

在评判一个榜样时,要有标准,要重视过程,而不能只看表面的行为。

> 某公司的一个项目组有一段时间工作任务繁重，员工无法完成高额的工作任务，于是员工杰克经常在下班之后留在公司加班，认真地编写和检查代码，并多次被总经理看见。
>
> 半年后，杰克所在的项目组的主管离职了，总经理提拔杰克做项目主管，并且给他加了薪。而且总经理在公司会议上说："杰克是个勤奋工作的员工，他经常在下班之后依然加班工作，这种精神值得我们每位员工学习。"
>
> 此后不久，公司中主动加班的人多了起来。然而，很多人表面上是在加班，但实际上却是在上网玩游戏、聊天、干私活……总之，办公室里"人气"旺了不少，但真像杰克一样真心忙工作的人，却没有几个人。

在上面这个故事中，总经理本意是提拔勤奋工作的杰克，同时激励其他员工向杰克看齐。但是他的错误在于，他应该奖励杰克编写代码这个行为，或者按杰克的劳动成果给杰克相应的奖励，而不是奖励杰克加班这个行为。总经理应该强调"杰克总是在规定的时间之前，上交代码程序，虽然工作任务很重，但是他总能完成任务"，而不是说"杰克每天总是最后一个离开公司"，这样才能让杰克真正成为团队的榜样，否则，只会引来加班假象。

为了更好地发挥榜样的作用，在树立榜样时，管理者应注意以下几点。

1. 从员工中选拔榜样

以身边的人为榜样，更易于其他人了解榜样、认同榜样、学习榜样，这样可以有效地缩小心理距离，增强员工赶超榜样的积极性。

以自己身边的人和事作为榜样，往往激励效果明显，因为员工较为了解其成功的过程，容易产生赶超的信心。这些榜样可以是公司外部的竞争对手，也可以存在于公司内部。

比如：公司一共有三条流水线，总会有一条流水线无论在质量、产量或工期方面，都是第一，其他的两条生产线就可以以它为榜样；部门与部门之间也是一样的，比如某个部门的费用控制刚好是在企业标准费用95%之内，另外几个超标的部门就可以以之为榜样。

树立榜样对象之后，还要确保榜样达成的时间不宜过长，因为过长时间的努力过程，会使当事人懈怠，进而失去信心。因此，在一定的时间内达成目标，是一种技巧。

2. 根据员工的长处设立榜样

榜样不是全才，而是在某些方面，有一技之长。

比如，销售业绩最好、客户满意度最高等，这些闪光点都可以成为大家学习的标准。

3. 榜样行为不能设置过高

如果榜样的行为需要通过很长的时间、很大的精力才能做到，那么要想达到这个目标就遥遥无期，这样对大家就会失去激励作用。

4. 宣传榜样事迹一定要真实

为了真正起到榜样激励的作用，榜样的事迹一定要真实，这样才能让人信服。这就需要管理者平时多了解员工，否则，树立的榜样就可能有虚假的成分。所以，不要一味地去吹捧、夸耀一个榜样，而是一定要真实。

在宣传的过程中，要注意选择多个渠道、多种方式结合起来，会比较有效。

比如：榜样事迹可以张贴在大厅、走廊、公司网站；也可以刊登在内部刊物；在厂区广播或者制作成光碟；还可以写入公司简介、企业年鉴中等。

宣传艰难曲折的事迹会更有感召力。这是因为艰难曲折的事迹，首先能够引起员工的普遍关注；其次，能够激发大家在平凡的工作中更加努力，打消心理障碍，树立没有不可超越的高度的信念。

促进群体的每位成员的学习积极性，把优秀员工树立为榜样，让员工向他们学习。虽然这个办法有些陈旧，但实用性很强。近朱者赤，近墨者黑。一个坏员工可以让大家学坏，一位优秀的榜样也可以改善群体的工作风气。让员工向好的员工学习，可以提高员工自身的职业技能和素质，对一个公司的整体发展来说，是一个很不错的方法。

方法28：晋升激励，激发上进心

【方法概述】

晋升对员工和组织都有重要影响。对员工而言，晋升能带来更高的物质报酬和社会地位，更多的机会与权力，能够带来多方面需求的满足。从组织的角度讲，晋升相对于其他激励，具有长期性，能够鼓励员工的长期行为，降低员工的流失率。

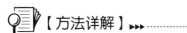

一、什么是晋升激励

晋升激励就是企业管理者将员工从低一级的职位提升到新的更高的职务，同时赋予与新职务一致的责、权、利的过程。

晋升是企业一种重要的激励措施，企业职务晋升制度有两大功能，一是选拔优秀人才，二是激励现有员工的工作积极性。企业从内部提拔优秀的员工到更高、更重要的岗位上，对员工或对企业发展都有重要意义。

二、晋升激励的原则

将企业内部业绩突出和能力较高的员工加以晋升是一种十分常见的激励方式。这种方式提供的激励包括工资和地位的上升、待遇的改善、名誉的提高以及进一步晋升或外部选择机会的增加。但是对于晋升激励的对象也不能随心所欲，需要遵循图 7-5 所示原则。

原则一 德才兼备

不能打着“用能人”的旗号，重用和晋升一些才高德寡的员工，这样做势必会在员工中造成不良影响，从而打击员工的积极性

原则二 机会均等

要使员工面前都有晋升之路，即对管理人员要实行公开招聘，公平竞争，唯才是举，不唯学历，不唯资历，只有这样才能真正激发员工的上进心

原则三 “阶梯晋升”和“破格提拔”相结合

“阶梯晋升”是对大多数员工而言。这种晋升的方法，可避免盲目性，准确度高，便于激励多数员工，但对非常之才、特殊之才则应破格提拔，使稀有的杰出人才不致流失

图 7-5 晋升激励的原则

三、内部晋升的要点

内部晋升是组织管理和员工激励制度的最有效途径之一，更是留人和用人的最佳方法。但是，内部晋升也要讲究一定的方式方法，图 7-6 所示的五个方面详细介绍了内部晋升的要点。

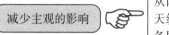

减少主观的影响：从内部选拔人才，绝不是要主导者把眼光仅盯在整天绕着自己身边转的几个人身上，而是在全企业、各层次和范围内科学地考查和鉴别人才

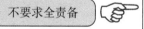

不要求全责备：从内选拔人才，绝不要因为对员工过于了解而对他们求全责备。事实上用其所长，注重晋升者他能够做到什么，运用其关键优势和特长才是着陆点

不要将人才固定化：不能用一个固定不变的模式来选拔人才，要唯才是举。只要能够为团队的发展和实际工作出谋划策，积极贡献力量，都应在选择之列

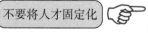

全方位地发现人才：管理者可从员工的工作实践、部门推荐、员工档案、考绩等多种途径全方位地发现人才。通过多种路径考查、了解人才的方方面面，最终选定适合之人

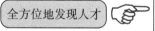

要使工作合理化：在弄清楚部门或该工作因为什么原因，需要什么样的人才的基础上，才能进一步在每天的工作当中，从员工的工作表现、效率和品质中，通过深入了解去发现合适的人才，并给予适才适所的配置和任用

图 7-6 内部晋升需注意的要点

四、晋升激励的要点

职位越高的内部晋升越要慎重,如何达至"能位对应"和尽快进入角色,应有一套操作指引和考核程序,保障组织内或部门不至于因人员调动而产生对工作的影响。这就需要管理者具备一定的手段,让晋升激励发挥它应有的作用。具体如图7-7所示。

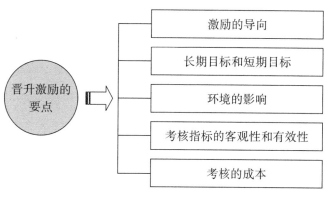

图7-7 晋升激励的要点

1. 激励的导向

相对奖金而言,晋升对员工激励的导向作用更大,因为晋升不仅意味着工资的增加,还是能力和身份地位的体现。在绩效管理中,表现最好的员工理应得到最有价值的奖励。因此,晋升作为激励的一种手段,以业绩为导向也是符合绩效考核理论的,可以产生积极的导向作用,培养向优秀员工看齐的积极向上的企业文化精神。

但以能力为导向的晋升,员工不再将业绩作为最重要的目标,他们会努力让主管觉得他们有管理才能,或者热衷于同主管领导搞好"关系"。同时,本来工作积极性很高却晋升无望的员工可能变得消极怠工,如果有条件甚至会选择离开企业另寻发展空间。

2. 长期目标和短期目标

按业绩晋升,员工会更积极地完成企业的业绩指标,使企业目标更顺利地实现。按能力晋升,员工则可能会投入更多的精力促进自身能力的提高,如参加各种职业培训等。如今在企业中得到广泛应用的目标管理等方法,就是将企业总体目标层层分解,最终落脚点在部门和个人的业绩指标。

企业的每个职务都要依据总体目标,个人目标的完成情况要与企业目标的实现紧密相连。因此,实行业绩导向的晋升方式有利于企业阶段目标的实现,而能力导向的晋升方式则着眼于企业未来战略的实现。

3. 环境的影响

员工的业绩通常是由技能、机会、态度、环境四个因素决定。除了技能和态度，业绩的好坏还会受到外部因素（如机会和环境）的影响，在某些情况下，业绩与个人的能力和努力程度不成正比。因此，员工获得好的业绩并不一定代表他比别的员工优秀，有可能是因为他拥有较好的外部资源。而能力则是员工本身所特有的，基本不受环境等外部因素的影响。

比如，百安居在选拔培养未来经理人的过程强调，申请人的业绩并不是唯一重要的因素，因为销售店经理的业绩与当地经济发展紧密相连，而地区发展不平衡是必然的。

4. 考核指标的客观性和有效性

业绩指标是量化的、客观的，具有充分说服力，一般也是企业和员工最为关注的。能力却是抽象的，虽然目前能力测评的客观性已经得到较大的提高，但仍无法从本质上消除主观性的影响。

衡量一个员工能力的高低，一般是通过人才测评技术。人才测评的信度与效度既是一个理论问题，又是一个技术问题。任何一种测评方法都存在着可操作性、时效性、适用性等问题，无法达到很高的信度和效度。现在人才测评技术取得了很大的进步，关于人才心理及个性的测试能够达到较高的准确度，但是关于人才工作能力的测试准确度仍然比较低。

如果缺乏准确的标准，挑选管理者时可能会出现依据"关系"选拔的情况。人们总是有低估别人而高估自己的倾向，在以能力为导向的情况下，如果员工认为获得晋升者的能力不如自己，就会感到不公平，容易产生懈怠情绪。以业绩为导向可以防止这种情况的发生，使大部分员工感到公平和信服，便于现实中企业的操作和应用。

5. 考核的成本

对业绩进行考核，可以直接以员工过去的工作业绩为考核指标，考核成本较低。而对候选人的能力进行测评，如果没有建立完善的人才测评体系，必须聘请优秀的测评专家对每一位候选人进行全方位的测评，成本比较高。

综上所述，在实际应用中，以能力为导向的晋升方式和以业绩为导向的晋升方式两者各有所长，要根据具体的情况做出选择。

作为企业的管理者，要最大限度发挥员工的能力，为每一个员工提供晋升的机会，不断地挖掘每个员工的潜能，重视员工的晋升，这会有利于员工激励工作。

 **相关链接**

企业如何应用晋升体系

企业在实际操作运营中,应用晋升体系需注意以下三个方面的问题。

1. 与相应的薪酬相对应

目前在我国挣取工资仍然是工作的主要目的,因此,晋升只有与薪酬相对应,才能更好地发挥晋升的激励作用。

此外,在薪酬设计中,有一部分是针对个人的,而不是针对岗位的,这一部分被称为资历工资,也就是说随着资历的增长,虽然员工的岗位没有变化,但还是可以拿到这部分不断增长的工资。在一些企业,由于发展的限制,岗位设置有限,很多员工进一步发展的机会也受到了限制。为了挽留管理者,企业就随着他们工龄的增长,而改变他们的头衔。比如,把人力资源部的经理变为人力资源部总监,但是,他们的岗位在组织架构上的位置并没有改变,权限以及管理的人员也没有改变,唯一改变的是工资,也就是说公司将头衔的晋升与薪酬挂起钩来,这样员工就从晋升中得到了激励。

2. 晋升标准必须明确

将晋升的标准明确化、公开化对于晋升体系的应用具有重要的意义。因为,明确了标准,就意味着明确了努力的方向。

以高级经理的晋升为例:晋升标准规定经理在13项考核指标中,如果连续7年有8项达到A,那么就可以晋升到高级经理。在13项指标中,有一些是能力指标,有一些是业绩指标。对于经理们而言,如果能力指标能够连续4年达到A,那么就说明能力是没有问题的,因为能力是相对稳定的。所以在接下来的3年里,能力指标就不用担心了,只需要努力完成易变化的业绩指标就行了。同样,如果明确了业绩指标达到A所需要的分数,并明确了每个指标的分数构成,那么经理们就可以通过抓住考核的关键因素,来提高自己的分数,从而使自己达标。所以,明确标准对于明确员工的努力方向,增强员工对结果的可控性,从而增强晋升体系的激励作用具有重要的意义。

3. 晋升体系要注意应用头衔

我们经常看到一个公司里有很多的经理,级别较高部门的负责人称为经理,级别较低部门的负责人也称为经理。在名片上,很多人的职务也都注明了经理。这就是应用头衔提升晋升体系激励性的一种有效方式。因为人都比较爱面子,换句话说,人都有交往和受到尊重的需要,头衔往往有利于满足这种需要。因此,晋升体系要充分地应用这一工具,因为它往往是最廉价的。在某种程度上,可以代替或者帮助节省人工成本支出,因为有很多人为了头衔愿意拿较低的工资。当然,如果将头衔与工资恰当地结合起来,效果会更好。但是,需要注意的是,这种应用要有一个度,不可滥用。

自我测评

经过一段时间学习，相信你有了一定进步，现在请参考以下标准，对照日常工作仔细查对，若打"√"的居多，说明你在这方面的能力较强；若较少，则应加强学习并认真实践，以提升自己在这方面的能力。

序号	工作标准	查对结果
1	在员工遇到困难时，适时地给予精神鼓励和物质帮助，经常与员工谈心，加强思想沟通，消除隔阂，组织集体活动，赠送生日礼物，生病探望等	
2	举办员工生日会，了解员工的心，知道他们的所想所愿、追求和目标，以及他们的价值取向和面临的问题	
3	面对员工的"牢骚"，管理者不可置之不理，而应分析"牢骚"的原因，要找一个单独的环境，与发牢骚的员工做一对一的面谈，进行推心置腹的交谈	
4	礼遇下属、尊重他们的独立人格、器重他们的才干、推崇他们高效的工作方法、鼓舞他们的工作热情	
5	不在一个下属面前把他与另一员工相比较；不在分配任务和利益时有远近亲疏之分	
6	树立的榜样，要从员工中选拔出来，并要确保榜样达成的时间不宜过长	
7	树立的榜样，其榜样事迹一定要真实，在宣传的过程中，要注意选择多个渠道	
8	从内选拔人才，绝不要因为对员工过于了解而对他们求全责备；事实上用其所长，注重晋升者他能够做到什么，运用其关键优势和特长才是着陆点	
9	不能用一个固定不变的模式来选拔人才，要唯才是举。只要能够为团队的发展和实际工作出谋划策，积极贡献力量，都应在选择之列	
10	要最大限度发挥员工的能力，为每一个员工提供晋升的机会，不断地挖掘每个员工的潜能，重视员工的晋升	

下一步提升计划：

第八章
提升领导力的方法

方法29：恩威并施，树立威信力

【方法概述】

作为一名管理者，必须要像一个大家长一样，既要对属下好，让他们"敬爱"你；也要对属下凶，让他们"惧怕"你，两者缺一不可。既不能无恩于人，也不能无威于人，恩不施无以立威，威不施无以治世。

关键词：
以人为本
赏罚分明
刚柔相济

【方法详解】

一、恩威并施的含义

一些管理者高高在上，工作上不体恤下属的艰辛，生活上不关心下属，对下属不闻不问，只是一味追求业绩，背离了以人为本的要求，这是"不恩"；也有一些管理者虽然谦恭低调，但一味迎合迁就下属，对错误的言行不予以指正，致使下属不听指挥、不受约束，自己被下属牵着鼻子走，这是"不威"。这两种极端都是要不得的。

案例

钟先生是一家大型企业的领导者，手下管理的员工多达百人。曾经有一位记者带着好奇心去采访了这个企业中的员工，关于这个CEO的脾气大小，以1到

10分为程度值,分数越高程度越大,1分是好好先生程度,10分为暴君级。记者猜想,员工不太敢对老板的评价太为过分,平均分在3到4分是合理程度,没想到,结果下来,员工给了他们的老板一个6分的平均分。员工们纷纷表示,他们的老板脾气不小,不是什么好说话的人,不过即使是这样,他们还是很乐意在钟先生手下干活,因为钟先生属于那种对事不对人、恩威并施的老板。

"恩威并施",它一方面是指管理者对待团队和下属的基本态度———一切为了团队的进步和下属的成长。这是"恩"的一面,也是管理者与下属关系的基调。这就意味着,管理者和下属之间永远是站在一个阵营里的,从来不是对立面。尽管他们在处事方式、在三观上、在对一件事的想法上可能大相径庭,他们的利益从来就是相互守护的。

管理小妙招

管理者是下属的实质领袖和精神领袖,下属是管理者的可靠后盾。这是一种健康的上下层关系,也是企业在残酷的市场竞争中屹立不倒的基石。

二、恩威并施的准则

管理者应做到"恩威并施"。"恩"就是关心爱护下属,多为下属解决生活工作中遇到的困难,而不只是言语亲和。"威"就是制定合理的规章制度。员工按制度行事,把分内事做好,团队就会健康稳定发展。管理者亲和的态度不会影响管理者的个人权威,更不会让团队秩序混乱。

那么,作为管理者,对团队成员该如何做到恩威并施呢?如图8-1所示。

图8-1 管理者恩威并施的准则

1. 以人为本顺民意

管理者对下属应当多一些人文关怀,这是当领导首要的品质。要养成与下属交心谈心的习惯，放下架子，主动接近下属，了解他们的近忧远虑，诚心诚意、力所能及地帮助他们解决工作生活中的难题，真正做到以德服人。切忌以领导自居，划清领导者与被领导者的界限，高高在上，拒人千里。做重要决策时要体现民主，主动征求下属的意见，及时调整策略，争取下属最广泛的理解和支持。

2. 赏罚分明树正气

如果有功不赏、有过不罚，就无法鼓动士气，积极的人会变得不思进取，落后的人也就甘于落后，整个队伍就会丧失凝聚力和战斗力，必然导致政令不畅。必须从严明赏罚制度入手，不偏私，不失信，赏要赏得郑重其事，罚要罚得令人心悦诚服。

另外，与什么样的下属最亲近，也能体现管理者的赏罚态度，好领导必须近君子远小人。王安石批评孟尝君"夫鸡鸣狗盗之出其门，此士之所以不至也"，如果亲近喜欢阿谀奉承、评头论足的人，刚直有才德的人就会与管理者疏远，管理者个人和整个团队的浩然正气就树不起来。

3. 刚柔相济立威仪

对待下属宜以亲善为佳，管理者面带微笑，下属就会如沐春风；管理者冷若冰霜，下属就会敬而远之。但是，不能一味只做老好人，对待下属的错误言行，必须及时、友善地指出，动之以情，晓之以理。对待下属严重的错误，必须义正词严提出批评。这样，管理者才会既有亲和力，又有不怒而威的威仪。

作为管理者，要学恩威并施的领导艺术，既体现领导的权威，下属犯错要指出、批评，又要展示领导的胸襟，及时肯定下属的工作成绩，多奖赏表扬。

管理者如何树立威信

大家都知道，没有威信的管理者，不可能在组织中起到领军作用。有些人，虽然担当了主管职务，但没有威信，员工对他的指令及要求视而不见。

那么威信是什么？威信，包含着威望与信誉，是无价之宝，是管理者必须具有的素质与资本。管理者要有"虎威"，即像老虎一样威风八面，人见人畏（敬畏），业绩突出、行动迅速、诚信为本，它不仅仅关系到个人的成功，更影响着团队的士气与前程。《辞海》说，有威则可畏，有信则乐从，凡欲服人者，必兼具威信。威信是一种大品格、一种大诚信、一种大能力、一种大智慧、一种大勇气，在企业内主要由专业专长、从业经历、工作绩效及人格魅力构成。管理者不是靠权力去管理，而是通过人格魅力的影响来构筑威信。那么管理者又如何获得真正的"虎威"呢？

1. 以"德"树虎威

管理者要以"德"立威，既要注重修心立德，注意非权力影响，力求品德高尚，做到平民化。良好的品德是职场的通行证，它能散发出一种自然魅力，是一种让人在不知不觉中被影响的力量。管理者能做到心正、言正、行正、身正，正气凛然，才会赢得敬重，才能成为员工的贴心人。

2. 以"公"立虎威

一个管理者是为"公"还是为"私"，是为员工、为企业还是为个人，是决定人心向背的关键，是检验一个人是否全心全意为企业奋斗，是否具备作风正派特质的试金石和分水岭。管理者在企业管理活动中，如对干部使用、评先评优、员工福利及对人事处理处置等方面，一定要切实做到公开、公平、公道、公正。对事不对人，"一碗水端平"，奖罚严明，不徇私情。这样才能赢得员工的认可，继而赢得员工的尊敬，获得威信。在用人上做到任人唯贤，不搞任人唯亲；量才而用，适才适所。坚决抵制和纠正用人上的不正之风，必威信满企业。

3. 以"能"添虎威

"能"是指管理者的领导能力、管理能力、沟通能力、解决问题的能力，也包括思想教育能力、宣传鼓动能力、用人处事能力、观察分析能力、联系众人能力、创新开拓能力等多方面。管理者能力的强弱决定威信的高低，能力强的管理者能维护好众人的团结，发挥出集体的战斗力，调动起众人积极性，处理好周围的关系，能使集体中的每个人佩服他、信任他，从而服从他。如：营销总监针对行业特质，应具有销售分析能力、沟通协调能力、专业技能技巧、商品知识、人员管理能力、决策力、执行力等。有能力才能服众。

4. 以"诚"取虎威

诚，就是诚实、守信，此乃管理者最基本的要求，也是中国人民引以为傲的美德。历史事实说明：人无诚信不立，家无诚信不和，业无诚信不兴，国无诚信不宁。一个诚实守信的民族，才能跻身世界民族之林；一个诚实守信的国家，才能为国际所信赖；一个诚实守信的领导，才能为群众所拥护。管理者尤其是"一把手"，如果对团队成员能充分信任，他们就能大胆工作，对"一把手"洋溢着敬佩之感。"一把手"绝不能对下属不讲诚信，更不能对下属在提拔上压着、相处上挑着、交往上冷着、关系上僵着。这样，必将失去自己的威信。要学会在工作中淡化权力意识，把事情交给可放心的部属去完成，这是对他人的一种信任，也是一种良好授权。

5. 以"和"凝虎威

"和"是指管理者要与众人"打成一片"，以情带"兵"。"和"为两种：一种是"宽"，就是要对下"动之以情，晓之以理，导之以行"，进行"软"处理；另一种是"狠"，就是对一切违反原则的，要绳之以"法"，众人才能"明其威"，威信成于人心，存于人心，这就要求管理者加强锻炼，严于律己，防微杜渐。一个现代企业的管理者，要有爱心还应有一点人情味，这是一种品德、涵养乃至境界。

例如：批评员工要讲究方法，懂得批评艺术的真谛能使人乐于接受，而不会招人怨恨，把事情办得合情合理。

历史事实说明：不讲原则就没有战斗力，不讲感情就没有凝聚力。管理者要善于"和"人，方可取得成功。

6. 以"绩"固虎威

管理者在工作上凭自己的努力和聪明才智，创造良好的个人业绩，能树立自己在公司领导和下属面前的威信。在工作中能很好或超额完成岗位KPI（关键绩效指标）指标，每个月都能干成几件实事，每年都能干成几件大事、平时有机会就做点好事，一定能赢取下属的信任。

方法30：说到做到，强化执行力

【方法概述】

执行力对一个团队的生存和发展具有重要的现实意义。否则，即使把目标定得再高，措施计划制订得再好，如果没有具体落实到行动上，不执行或执行不力，那么，所制订的措施计划就无法执行到位，所定的目标就根本无法实现。

【方法详解】

一、什么是执行力

何谓执行力？可以简单直白地解释为：执行力，就是保质保量地完成自己的工作和任务的能力，也可以说是按时按质履行好自己的工作职责的能力。有企业管理专家认为，一个企业的成功，30%靠的是战略，30%靠的是运气，另外40%靠的是执行力；也有专家认为，三分战略，七分执行。不管哪种说法，都是把执行力摆在了比较重要的位置。

二、执行力的重要性

很多管理者有一流的创意和点子，注重制定一流的战略，但是下属却用三流的执行力来对待一流的战略，最后导致结果与想象的大相径庭。但如果企业有一流的执行力，即便创意和战略差一点，企业发展也会充满希望。

> 东北一家大型企业因为经营不善导致破产，后来被一家财团收购。
> 厂里的人都翘首以待该财团的人带来先进的管理方法。出乎意料的是，对方只派了几个人来，除了财务、管理、技术等要害部门的高级管理人员换成了该财团的人外，其他的根本没动。制度没变，人没变，机器设备没变。该财团就一个要求：把先前制定的制度坚定不移地执行下去！
> 结果，不到1年，企业就扭亏为盈了，其中的关键就是无条件地执行。

任何一家企业要想获得成功，都不能缺少执行力。团队执行力越强，企业越有希望。一流的执行力是企业生死存亡的关键，是企业核心竞争力的重要体现。如果企业没有执行力，那么企业就将失去核心竞争力。如果没有执行力，一切创意、战略、计划都将成为空中楼阁。

三、强化团队执行力的措施

IBM前总裁郭士纳曾说：一个成功的企业和管理者应该具备三个基本特征，即明确的业务核心、卓越的执行力及优秀的领导能力。在他看来，执行力是成功企业不可缺少的特征之一。

那么，如何强化团队的执行力呢？其措施如图8-2所示。

图8-2　强化团队执行力的措施

1. 计划要切实可行

对于管理者来说，在让员工执行决策之前，管理者首先要根据本企业的实际做出科学决策，保证计划切实可行。

> 有只真抓实干的黑猫，它每天都能捉10多只老鼠，让老鼠们吃尽了苦头。于是，老鼠们召开研讨会共商对付黑猫的办法。有的建议加紧研制毒药，有的说干脆一齐扑上去把黑猫咬死。最后，还是老奸巨猾的鼠王提出了一个与众不同的想法："老鼠杀猫是不可能的。如果不能杀死它，就应设法躲避它。咱们推选出一名勇士，偷偷地在猫的脖子上挂个铃铛。这样一来，只要猫一动就会有响声，大家就可以事先躲起来。"老鼠们公认这是个很好的想法。但怎样执行呢？高额奖金、颁发荣誉证书等办法一个又一个地提出来，但讨论来讨论去，老鼠们也没有找到一个敢于执行这一决策的勇士。

有好的想法却不能执行，那只能是空想。同样，对于一个团队来说，管理者有了决策，但因脱离了实际，无法执行，最终也无济于事。

2. 尊重制度才能执行制度

一个企业要长期稳定和谐发展，必须要有一套完整的企业制度作保障，制度是执行力的先决条件，没有制度，执行力无从谈起。有制度就要执行，执行就必须要有执行力。

（1）制度与执行力的关系。制度与执行力，谁是第一位，谁是第二位，各有不同的看法。应该辩证地看两者关系，不应把两者割裂开强调某一面。企业的战略目标、工作计划、规章制度需要制度来保证其推进，而制度又是要靠执行来贯彻的。制度再多，没有约束，无法执行，就会形同虚设。反过来，有了好制度，员工的理解和认识产生偏差，心态不好，消极对待，没有形成执行力，制度也会流于形式。

制度与执行力两者相互联系、相互作用、相互制约，你中有我，我中有你。当两者达到和谐统一时，就会产生极大的推动力；当两者相矛盾、相抵触时，就会产生极大的阻碍力。在工作中，管理者就要正确处理好两者的关系，以求达到和谐统一，产生合力。

（2）制度对执行力的作用与反作用。制度是靠人制定的，制度也是靠人去执行的，由于人对客观事物的认识和思维的多样化，对事物的处理也就产生不同的结果。因此，企业制定的制度要切合实际、可操作性要强、员工要认同，那么，这个制度就会对执行力起到积极推动作用，反之则相反。

> 一位职业经理人到一家企业任总经理，在管理层会议上发现，管理人员迟到、手机铃响、边开会边打电话的现象普遍存在，这严重影响了会议效果，对会议精神贯彻落实和执行也不利。他了解到，这现象是长期不重视养成的坏习惯，是个"老大难"问题。该总经理认为如不彻底解决，势必带来不良后果，必须从细节、小事抓起。于是令相关部门针对这一问题制定会议制度和处罚措施，迟到者除被扣罚奖金50元外，还要坐到迟到席上，给予警示；会上打手机、手机铃响者扣罚奖金50元；不请假缺席会议扣罚奖金100元。制度出台并实施后，改变了大家认为上述现象只是细节、小事的观念，改变了管理人员会议作风，同时，对其他制度的执行也起到了推动作用。

企业制度的建设和执行都是在一点一滴的过程中坚持下来的，大的制度要执行，小的制度也不能放松。如果只建立制度而不谈如何执行，那么这个制度本身的威信就会荡然无存。所以，一个组织要想拥有强大的竞争力，首先要在行动上尊重制度，然后才能从根本上尊重执行。

3. 令行禁止

执行是没有大小事之分的，所有事情无论大小，所有人无论职位高低，只要是既定的规定，都要执行，要做到令行禁止。

4. 做事要做到位

在工作中，很多人知道，如果把工作做到59%就是不合格，就很可能被辞退，但是把工作做到100%又太困难、太辛苦，也不现实，于是很多人觉得，如果能把工作做到90%就已经很不错，很满足了。殊不知，公司的各项工作之间是环环相扣的，很多看似不错的90%，最终带来的结果是59%，依然是不及格。这也就是说，执行经不起打折，只有每个环节都有一流的执行力，才能保证最终的执行到位。

真正的执行是"做好了"，而不仅仅是"做了"。很多企业的员工只是满足于"做"，却不重视结果。表面上看来，他们整天在付出、在努力、在忙碌，但是这种忙碌是穷忙、是瞎忙，忙得没有任何效率，忙得毫无意义。只有做好了，才会让人印象深刻。团队管理者只有不断地对自己提出要求，高质量地完成工作任务，才能不断提升自己的产品质量。如果在执行过程中，仅满足于"做了"这一点，不仅会浪费公司的资源，还会影响公司的声誉和形象，使企业陷入危机。

5. 制度面前人人平等

中国人往往凡事讲"人情"，由于种种原因，管理者对犯错之人经常网开一面。殊不知，这看似有人情味，却是在破坏制度，纵容违反制度的员工，打击遵守制度的员工的积极性。

也有不少的管理者认为，制度是用来约束员工的，是给员工执行的，自己位高权重，可以凌驾于制度之上。有了这种想法之后，他们的行为就会屡屡与制度发生冲突，在这种情况下，制度的权威性和严肃性就会被破坏，管理者个人的影响力也会降低，甚至会造成整个企业的执行力低下。

 案例

> 联想从创业初的默默无闻到如今的电脑行业"龙头"企业，这样的成就并非偶然，而是主要取决于两大基本因素：第一点是联想的领路人柳传志的战略意识；第二点就是联想强大的组织能力。这种强大的组织能力主要是通过其制度的刚性来体现，而这种刚性的制度正好可以克服知识分子创业队伍的先天性弊端，使组织的制度落到实处。
>
> 以开会迟到为例。联想规定，开会不准迟到，如果迟到的时间超过5分钟，与会者就不用参加会议了；如果迟到5分钟以内，那么迟几分钟就在门外站几分钟然后再进来开会。正好有一天柳传志迟到了，他迟到的时间大概是三四分钟，于是，他按照规定站在门口，直到站够了规定的时间才走进会议室。试想，连公司的老总都能以身作则，其他的员工又怎么能不遵守制度呢？

因此，在执行过程中，管理者一定要放下所谓的"面子""人情"，一视同仁地对待全体员工，也包括自己，这样才能传递"人人平等"的公平理念，才能树立制度的威严，强化执行的力度。

6.有计划地执行

古人说:"凡事预则立,不预则废。"意思是,不论做什么事,都应事先做好计划和准备,否则,就很难把事情做成。

在执行过程中,管理者应鼓励员工学会制订计划,按照计划去执行任务,这样效果会更好。怎样做计划呢?其实,只需要对所要做的工作划分步骤,分清阶段,规划好每一步做什么,每一天做什么,这样就能按部就班地把任务执行到位。

身为团队管理者,有必要在公司推行按计划执行的习惯,让每个员工在接到任务之后,都有制订计划的意识。

比如,你让员工完成一个项目策划,员工脑子里会想到:我将用几天完成这个项目策划?第一天干什么?第二天干什么?如果每个员工都能如此有条不紊地执行任务,那么团队的执行力将会异常强大。

作为一名管理者,你不可能凡事亲力亲为,你也没必要事必躬亲,但是在某些方面,你一定要为员工做出表率,影响和感染员工使其形成良好的执行习惯。这样,企业制度的执行力才能做到完美,团队的工作才能真正落实到位。

方法31:以身作则,具备说服力

【方法概述】

古语说:"己欲立而立人,己欲达而达人。"这句话的意思是说,只有自己愿意去做的事,才能要求别人去做,只有自己能够做到的事,才能要求别人也做到。作为现代领导者必须以身作则,这样才能具有说服力,才能形成高度的凝聚力。

关键词:
表率
自我管理
接受监督

【方法详解】

一、以身作则的含义

所谓以身作则,就是以自己的行动作为榜样。美国全国疾病研究中心教授杜嘉说:你的下属一看你的行动,便明白你对他们的要求。要让别人跟着你行动,你就要能吸引他人而且比别人要行动得更快。企业领导敢为人先、身先士卒才能激发下属的活力;反之,畏首畏尾,踟蹰不前,则会严重地影响企业组织的活力和表现。管理就是领导。领导就是"领"着员工走,"导"着员工行的那个人。管理要以身作则,带领下属工作,不能以身作则,这样的管理徒有虚名。

二、以身作则的意义

管理者决不能忽略自身对下属可能产生的影响,更需要知道自己会对下属产生深刻的影响,自己的乐观和悲观情绪会同样富有感染力,而且自己一举一动、一言一行的表现往往会影响到周围所有人的情绪、语言和行为。管理者发出的信号是非常重要的。所以说,管理者的每一个决定和每一个行动都是对下属的一次绝好的培训机会。

管理者应当明白,以身作则、身先士卒不是喊喊口号就行的,而是要管理者的真抓实干、真才实学。管理者应当记住,管理者是被学习的榜样,不是被赞扬的对象。给别人树立学习的榜样绝不是一件容易的事情,那意味着必须时时刻刻不断地自强和自制。

比如:作为管理者,如果你要求下属要加班赶点,自己就不能在下午5点准时下班然后去打高尔夫球;如果你批评其他人因上网浪费工作时间,自己就不能在下午上班正忙时在线炒股;如果你刚在会议上提出裁员以节省不必要的开支,自己就不能购买整套崭新的豪华办公室用具。

作为管理者要以身作则,这点说起来容易做起来很难。

比如:每天你的工作都是按时高质量地完成了吗?你所做的工作是被动地完成还是积极地去寻找问题?你每天都是准时上班吗?

一般来说,管理者不畏风险、勇挑重担,就会带动下属,起到表率作用,激发下属的活力。俗话说:干部带了头,群众有劲头。可以从许多方面,找到管理者应当从自我做起的道理。下属观察和评价上司常常是先看他(她)做什么,而不是先看他(她)说什么。言传身教是很重要的。

第八章 提升领导力的方法

> **管理小妙招**
>
> 　　领导要下属听从指挥并不困难，只有一个方法，那就是以身作则。如果领导自己都不遵守，却期待员工去遵守，这不是有悖情理吗？

三、以身作则的策略

　　发号施令并不能帮助管理者实现自己的意图。真正的领导是通过以身作则来实现的，而不是简单的行政命令。无论管理者喜欢与否，他的做法都会成为组织其他成员的榜样。管理者对他们有着巨大的影响，他们事事都会模仿管理者。

　　那么，管理者如何做到以身作则呢？不妨用图8-3所示的方法。

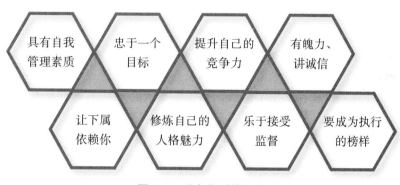

图8-3 以身作则的方法

1.具有自我管理素质

　　善于自我管理的管理者能够独立思考、工作，无须严密监督。管理者要事事为先，严格要求自己。一旦在下属心中树立起威望，就会上下同心，大大提高团队的整体战斗力。得人心者得天下，做下属敬佩的领导将使管理工作事半功倍。

2.忠于一个目标

　　大多数人都喜欢与将感情和身心都奉献给工作的人共事。除了关心自身，管理者应忠于某样东西，如一项事业、一件产品、一个组织、一个工作团队或一个想法。

3.提升自己的竞争力

　　培养自己的竞争力，竭尽全力以达到最好的效果。管理者应掌握对组织有用的技能。管理者的绩效标准应比工作或工作团队要求的要高。

4. 有魄力、讲诚信

管理者应独立自主、有判断力，做事有魄力、讲诚信，下属可以信任他们的知识和判断力。他们有较高的伦理道德标准，值得信赖，并且勇于承认自己的错误。

5. 让下属依赖你

管理者要以身作则，并不是说要整天板着领导的面孔，也不是说每天要为检点自己的行为而谨小慎微、战战兢兢。你可以通过你的个人特点，如专长或个人魅力等来影响下属，这样下属就能信赖你、依赖你，这样你就会成为整个团队真正不可缺少的角色，而不仅仅是拥有因为权力而建立起来的权威。

6. 修炼自己的人格魅力

一个优秀的管理者，应该具备优秀的人品，要成为一个道德品行端正、公正、正直、无私的人。管理者要一心为公，勤政敬业；厉行节约，廉洁自律；规范经营，科学发展；服从大局，强化执行；阳光心态，自强不息；注重沟通，亲近员工。要时刻注意自己的言行举止，时刻关注下属的情感需求，不断提升个人影响力。

7. 乐于接受监督

据说，日本"最佳"电器株式会社社长北田光男，为了培养自己员工的自我约束能力，自己创立了一套"金鱼缸"式的管理方法。他解释说，员工的眼睛是雪亮的，管理者的一举一动，员工们都看在眼里，如果谁以权谋私，员工们知道了就会瞧不起你。"金鱼缸"式管理就是明确提出要提高管理工作的透明度，管理的透明度一大，把每个人置于众人监督之下，每个人自然就会加强自我约束。

8. 要成为执行的榜样

个人与集体、"小家"与"大家"，不免存在着利益冲突或矛盾。在管理实践中，遇到的最大难题之一是执行力不足。要解决这个问题，需要树立与培养执行力的文化。在这其中，管理者自身的模范执行、严格执行，对执行力文化的塑造具有至关重要的作用。

当管理者在完成上级交代的任务的时候，在执行企业规章制度的时候，在带领全体员工努力完成本单位或部门工作目标的时候，如果能做到"令行禁止""千方百计""服从大局"，规范经营，科学发展，以高度的责任感与紧迫感做好各项工作，则无疑对全员执行力的提升具有巨大的示范效应与杠杆作用。

当管理者以自身高度的执行力与责任感，要求员工全面落实行动与提升执行力的时候，执行力不力的弊病将迎刃而解。随着全员执行力的提升，各项工作必将焕然一新。

第八章 提升领导力的方法

> **管理小妙招**
>
> 管理者是一个团队的先锋,也是下属体会企业文化和价值观的第一个接触点,自己本身的工作能力、行为方式、思维方法甚至喜好都会对团队成员产生莫大的影响。作为管理者,就一定要勇当下级学习的标杆。

方法32:提升自我,发挥影响力

【方法概述】

成功管理者靠什么改变着今天和明天?靠影响力。而影响力来自何处?如果一个成功管理者被认为缺乏这种影响别人的卓越能力,那么他的前途是非常暗淡的。

关键词:
权力影响力
非权力影响力
表率

【方法详解】

一、影响力的含义

影响力就是领导者在领导过程中,有效改变和影响他人心理和行为的一种能力或力量。领导工作的本质就是人与人之间的一种互动关系,在领导过程中,领导者如果不能有效影响或改变被领导者的心理或行为,那他就很难实现领导的功能,组织目标也就无法实现。

从经验中发现,决定一位管理者是否优秀的因素,并非分析能力等其他能力,而是卓越的且被普遍认同的影响力。不少具有良好素养的成功管理者，他们自信而上进，谈吐和分析都具有逻辑性，对于目标都具有一定的把握，能倾听别人的意见并能回应……他们都是具有卓越影响力的人。更重要的是，他们也在影响着周围的团队，影响着整个企业。

二、影响力的作用

生活中不乏这样的现象：两个单位，性质职能相似，起点基础相近，但在不同领导"主政"下，局面却大不一样，一个是"芝麻开花——节节高"，一个则是"王小二过年——一年不如一年"。

出现这种现象，原因是多方面的，但领导者的影响力不同是一个不可忽视的因素。领导者的影响力不但影响自身的领导力，而且影响一个单位的形象、作风和发展大局。

每个人都应对自己的行为高度负责，尤其是一个组织的领袖。组织领袖的影响力是很大的，领袖的行为就是组织的形象。对于企业领袖来说，他们创造了企业的文化，影响着企业的发展，而如何展现企业领袖的魅力"行为"呢？这就要提升企业领袖的文化行为品位，提高他们行为语言的观察力和表现力，打造他们的个人行为识别系统。

一个成功的管理者不是指身居何等高位，而是指能够凭借自身的威望、才智，把其他成员吸引到自己的周围，取得别人的信任，引导和影响别人来完成组织目标的人。管理者的影响力日渐成为衡量领导成功与否的最重要标志。

三、影响力的构成

影响力可分为权力性影响力和非权力性影响力。

1. 权力影响力

权力影响力是一般的管理者运用得最多却无法把握的一种影响力，它是由组织赋予的在进行管理之前就获得的要被领导者服从的影响力，对被领导者具有强迫性和不可抗拒性，对下属的行为和心理激励有限。

从权力影响力的构成来看，主要包括图8-4所示的三个方面。

法定性权力是指领导者固有的、由组织授予的合法的权力。法定性权力取决于领导者在组织中职位的高低，它通常被认为是被组织所正式授予的权威地位，包括拥有一定的职位、权限和声望

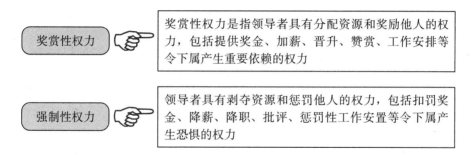

图 8-4 权力影响力的构成

权力影响力往往带有强迫性和不可抗拒性，下属也往往是被迫接受和服从，它对下属的心理和行为具有一定的惩戒作用，但其负面影响力的强度是有限的，容易引起下属的抵触情绪。下属的积怨一旦爆发，往往容易产生极坏的负面影响。

2. 非权力影响力

非权力影响力与领导者的职位、身份或权力大小没有必然关系，它不是强制性的，不具有直接的奖励和惩罚的力量。它的作用往往侧重于被影响者的心理层面，具有持久性和深刻性，表现的影响结果往往是潜移默化和自然而然的。所以，非权力影响力往往也被称之为非强制性影响力，主要来源于领导者个人的人格魅力，来源于领导者与被领导者之间的相互感召和相互信赖。

非权力影响力主要包括图 8-5 所示的四个方面。

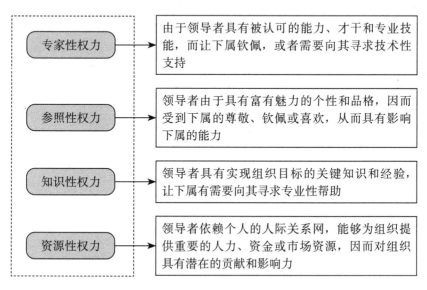

图 8-5 非权力影响力的构成

管理小妙招

非权力影响力是领导者的一种综合影响力,它与中国文化下的"领导威信"概念具有明显的联系。有效的领导,取决于管理者对下属的影响力,也就是管理者的领导威信,它决定着管理者的综合管理效能。

四、提升影响力的技巧

影响力,是一种不仅依靠权力,更依靠个人的品德、才能、知识、感情等情感因素使他人产生自愿自觉追随的能力。影响力是一种综合能力。管理者要想提高影响力,就要学会图8-6所示的提升影响力的特有技巧。

图8-6 提升领导者影响力的技巧

1. 以身作则

一个简单而有效的影响别人的方法是以身作则,身先士卒。你可以通过以身作则来领导或者影响他人,以达到你的目的。领导可以通过以身作则来传播企业文化的某些方面。作为领导,你可以通过自身的行动来传播价值观和传达各种期望。对于那些显示忠诚、做出自我牺牲以及承担额外工作的行为特别要以身作则。

2. 理性说服

通过理性说服影响别人的传统方法仍不失为一种重要的策略。理性说服涉及使用符合逻辑的观点和事实证据来使另一个人相信一条建议或要求是可行的,并且可以达到目的。总的来说,要使理性说服变成一种有效的策略,需要自信以及仔细的研究。对明智的和理性的人来说,它可能是最为有效的策略。

3. 相互帮助

假如另一个人将帮助你完成一项工作,那么主动提出帮助是另一种通常的施加影响的策略。通过交换,你与对方达成协议。这种交换常常被视为愿意在日后进行回报。假如对方帮助你完成一项任务,这种交换还可包括答应分享利益。

4. 积累人脉

积累人脉、建立人际网络对把握职业生涯（包括成为一位具有影响力的人）来说是很重要的策略。建立人际网络以及在需要时寻求支持的能力，有助于一个管理者对他人施加影响。

比如，一家银行的分行经理在拓展业务空间时需要利用人际网络，除了他的顶头上司外，还有他的主要客户。因为客户有利的评价能使他的上级更容易接受他的提议。

5. 形成联盟

有时通过单独行动来影响某个个人或团体是有一定难度的，所以你就有必要与别人组成联盟以产生更大的力量。作为一种施加影响的策略，联盟的形成是行之有效的，因为就如一句老话所说：人多力量大。

五、运用非权力影响力

权力影响力和非权力影响力共同构成了管理者的影响力。管理者更好地运用非权力影响力，对于进一步提高管理效能具有重要的意义。

> 史玉柱二次创业初期，很多时候身边的人连工资都领不到。但无论公司如何被误解、陷入何种困境,追随者始终不离不弃。在内部人眼中,史玉柱是个重情重义的人。"无论什么时候看到他，你在他眼中看到的都是自信，我一定能赢得信心。你跟他在一起就充满了活力。"最终，史玉柱继巨人网络之后又创造了脑白金的行业神话。

史玉柱就是通过他的人格魅力，取得了下属由衷的信任、佩服和顺从，使下属以极大的热情投入到工作中去,通过合理使用非权力影响力取得了长期、稳定的激励效应。

> 某公司聘请了一位CEO,此人以能干果断闻名。上任之后就开始大幅度裁员，赏罚分明，做出了本应几年前就该实施的决定,公司业绩逐渐良好。但其独断专行，对下属工作中的丁点儿错误都大发雷霆、处罚严厉，下属因为害怕将坏消息告诉他会挨骂，所以不再向他提供任何坏消息，员工士气降到有史以来最低。公司在短暂的复苏后又再次陷入困境。

这位管理者就是过分使用权力影响力，忽视了非权力影响力的作用。下属被动服从，这种服从具有表面性。职位权力对人的影响往往是有限的、暂时的。

那么，作为管理者如何运用非权力影响力呢？其技巧如图 8-7 所示。

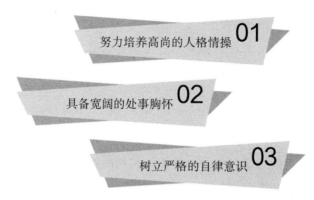

图 8-7　管理者运用非权力影响力的技巧

1. 努力培养高尚的人格情操

"人以品为重，官以德立身"，管理者的非权力影响力既体现在真理的力量，也体现在人格的力量。人格品行不是建立在职位、权力基础之上的，而是在高尚的境界中产生的。管理者为人是否正直，做事是否正派，处事是否公道，是思想政治品德和能力的外在表现，也是塑造自我形象、树立非权力影响的关键。

2. 具备宽阔的处事胸怀

宽阔的胸怀是产生向心力、凝聚力、感召力的人格力量，是管理者必备的素质。作为一个管理者，在处事时要具备如表 8-1 所示的胸怀。

表 8-1　管理者应具备的处事胸怀

序号	具备胸怀	具体说明
1	作风民主	作为一个管理者，要能容事，面对任何事情，都要看全局，舍己利，要顾及长远兼眼前，求大同存小异，甚至在必要时能够忍耐各种误解。坚持民主集中制的原则，尤其是在重大政策、重大项目投资、大额资金使用、重要干部任免等重大问题上，充分发扬民主，集中集体智慧，不搞独断专行
2	坦诚相见	古语说得好：对人以诚信，人不欺我；对事以诚信，事无不成。对管理团队成员要襟怀坦白，以诚待人，不怀疑、不嫉妒、不欺骗；对下级不虚伪、不偏私、不欺骗，做到言而有信，言行一致

续表

序号	具备胸怀	具体说明
3	公道正派	在用人上，坚持做到看实绩不看来头，看表现不看背景，看公论不看关系。要有勇于负责、不揽功、不诿过的精神，当工作有了成绩，应该看到大家的努力；当工作出现了失误，要主动承担责任，分析原因，总结教训；当管理团队成员之间发生矛盾时要主动协调。要敢于主持公道，以正压邪，让干事业的员工不受委屈、不吃亏，让搞邪门歪道的人不得势，让争名夺利的坏风气形不成气候
4	宽容大度	宽容是维系管理团队成员之间团结的纽带和黏合剂，也是管理者的一种美德。努力做到在大是大非面前讲大局、不弄权、不斗气，在同事之间讲支持、讲尊重、讲信任、讲谅解、讲友谊，不仅能够在利益上、荣誉上让人，更应得理让人，得势让人。有容人、容言、容过的气度，取人之长，容人之短。面对误解，多搞换位思考，少搞以怨报怨；面对名利得失，多从大局着眼，不搞争名夺利、妒贤嫉能
5	是非分明	凡事要有自己的主见，讲原则、判是非，不偏听偏信，不被闲言碎语所左右，不被小报告所迷惑，听取正确意见，不受错误言行的干扰。在对外交往的过程中，要严格把握好场合和分寸

3. 树立严格的自律意识

一个管理者威信的高低，并不仅仅取决于权力的大小，而更多地取决于他在权力运用中表现出的品格。管理者一定要严于律己，做好表率。

（1）做学习的表率。管理者非权力影响力主要来源于个人修养，个人修养又首先基于世界观、人生观、价值观。人生观、价值观的树立又源于科学的理论知识和高尚的思想境界。作为管理者，学习理论的自觉性应该更高一些，学得更深一些，领会得更透一些。从理论和实践的结合上掌握观察、分析事物的科学立场、观点和方法，推动工作实践，避免决策失误。

（2）做团结的表率。一个团队就像一艘船，只有众桨合成一股力量，才能快速驶向目的地。在团队团结问题上，一方面是靠事业凝聚人心；另一方面，要善于协调和化解团队成员之间工作上出现的分歧和矛盾，一旦发现问题，要及时地、有针对性地做工作，理顺情绪，化解矛盾，使团队的团结经常处于最佳状态。

（3）做实干的表率。管理者要时刻把事业发展和组织成员的利益放在心上，求真、务实、注重实干。管理者的威信在于"干"，要时刻把工作的出发点、着眼点和落脚点放在组织发展见成效、组织成员满意度提高上。

（4）做廉洁的表率。清正廉洁是管理者的立身之魂。"公生明，廉生威"，要正确运用组织赋予的权力，把好口、握紧手、守住身，经得住诱惑，顶得住人情，管得住小节。只有这样，才能身正行端，获得"不令而行"的人格效应。

 相关链接

管理者应具备的非权力影响力

1. 品格影响力

由管理者自身的道德、品行、人格、作风等产生的一种影响力。这种影响力对被管理者产生的作用是巨大的,它通过管理者组织实施领导工作,潜移默化地去感染和影响被管理者,管理者自身品格因素的好坏,其影响力是截然不同的。

2. 才能影响力

管理者个人的才干和能力对被管理者产生的影响力。有才能的管理者能给事业带来成功,会使下属产生敬佩感,这种感受就像一种心理磁力那样吸引着人们自觉接受其影响。一个优秀的管理者除了必备的感知和思维能力之外,还要具备创造、激励、凝聚、组织协调等超群的能力,在灵活运用知识分析解决问题方面,还包括决策、指挥、应变、人际关系能力等。

3. 知识影响力

管理者因丰富的知识、技术专长所形成的影响力。具有知识技术专长的管理者能使下属产生信赖感,进而增强其影响力,推动工作顺利发展。作为一个管理者必须具备丰富的各方面知识,管理者知识越广博,对客观事物和客观规律的认识和把握就越全面、越准确,这是管理者实施正确领导实践的前提条件。

4. 情感影响力

管理者与被管理者之间关系密切、心灵相通、情感融洽而产生的影响力。这是我们在管理实践中体会最深刻的因素之一,它实际上是一种人与人之间的相处关系,这种关系是以感情联系为基础的。注重感情因素的管理者会使被管理者产生亲切感,这种亲切感不仅可以使被管理者容易接受管理者的影响和指导,而且还是一种上进的动力。与被管理者心心相印,使下属心悦诚服,对于管理者实施有效管理起着举足轻重的作用。

自我测评

经过一段时间学习，相信你有了一定进步，现在请参考以下标准，对照日常工作仔细查对，若打"√"的居多，说明你在这方面的能力较强；若较少，则应加强学习并认真实践，以提升自己在这方面的能力。

序号	工作标准	查对结果
1	有功就赏，有过就罚。从严明赏罚制度入手，不偏私，不失信，赏要赏得郑重其事，罚要罚得心悦诚服	
2	学恩威并施的领导艺术，既体现领导的权威，下属犯错要指出、批评，又要展示领导的胸襟，及时肯定下属的工作成绩，多奖赏表扬	
3	在让员工执行决策之前，管理者首先要根据本企业的实际做出科学决策，保证计划切实可行	
4	制定的制度要切合实际、可操作性要强、员工要认同	
5	在执行过程中，管理者一定要放下所谓的"面子""人情"，一视同仁地对待全体员工，也包括自己	
6	通过以身作则来领导或者影响他人，通过以身作则来传播企业文化，通过自身的行动来传播价值观和传达各种期望	
7	面对任何事情，都要看全局，舍己利，要顾及长远兼眼前，求大同存小异，甚至在必要时能够忍耐各种误解	
8	在大是大非面前讲大局、不弄权、不斗气，在同事之间讲支持、讲尊重、讲信任、讲谅解、讲友谊，不仅能够在利益上、荣誉上让人，更应得理让人，得势让人	
9	从理论和实践的结合上掌握观察、分析事物的科学立场、观点和方法，推动工作实践，避免决策失误	
10	管理者的威信在于"干"，要时刻把工作的出发点、着眼点和落脚点放在组织发展见成效、组织成员满意度提高上	

下一步提升计划：